# もくじ

## 教育出版版 社会地理

JN096359

| 学習計画 | |
| --- | --- |
| 出題範囲 | 学習予定日 |
| 5/14 | 5/10 |
| テストの日 | 5/11 |

テストの範囲や学習予定日をかこう!

# 第1編 世界と日本の地域構成

## 第1章 世界の地域構成①

解答 p.1

テストに出る！ **ココが要点**

**❶ユーラシア大陸**
最も広い大陸。

**❷3：7**
陸地よりも海の方が面積が広い。

**❸太平洋**
最も広い海洋。日本も面している。

**❹緯線**
南北それぞれ0度から90度まで引かれている線。

**❺経線**
東西それぞれ0度から180度まで引かれている線。

**❻赤道**
緯度0度の緯線。

**❼本初子午線**
イギリスのロンドンを通る経線。

**❽白夜**
北極圏や南極圏でみられる，太陽が一日中沈まない現象。

**❾地球儀**
地球の模型。地軸が傾いたものが多い。

**❿世界地図**
目的によってさまざまな地図がある。

### 1 身近なものから見える世界  教 p.10〜11

▷ 六大陸…（**❶**　　　　　　　），アフリカ大陸，北アメリカ大陸，南アメリカ大陸，南極大陸，オーストラリア大陸。

▷ 陸地と海の面積比…（**❷**　　　　　　　）。

▷ 三大洋（三海洋）…最も広い（**❸**　　　　　），大西洋，インド洋。

### 2 地球を表す模型  教 p.12〜13

▷ 地球儀…地球の形を縮めたもの。

▷ 地球儀上の線

● （**❹**　　　　　　　）
…赤道と平行に引かれた線。

● （**❺**　　　　　　　）
…北極点と南極点を結んだ線。

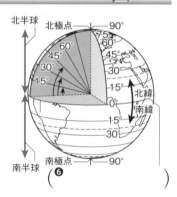

● 緯度…赤道面と地球の中心からの角度。赤道より北は「北緯」，南は「南緯」。

● 経度…（**❼**　　　　　　）（北極点からイギリスの旧グリニッジ天文台を通り，南極点までを結ぶ線）が0度。ここより東は「東経」，西は「西経」。

▷ 地球は少し傾いた状態で，1日に1回転（自転）しながら，太陽の周りを1年間で1周（公転）している。

● 中緯度の地域…春夏秋冬の区別が明確。

● 高緯度の地域…（**❽**　　　　　　）という夏に一日中太陽が沈まない現象がみられる。

### 3 地球儀から世界地図へ  教 p.14〜15

▷ （**❾**　　　　　　）…距離，面積，形，方位などのすべてが正しく表される。

▷ （**❿**　　　　　　）…持ち運びしやすく，世界全体を見ることができる。

▷ 球体である地球を平面に表す場合，面積・形・方位などのすべてを同時に正確に表すことはできない。

ココが要点の答えになります。

## テストに出る！ 予想問題　第1章 世界の地域構成①

⏱30分　/100点

**1** 右の地図を見て，次の問いに答えなさい。　9点×6〔54点〕

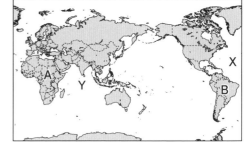

(1) 地図中のA・Bの大陸をそれぞれ何といいますか。
A（　　　　）
B（　　　　）

(2) 地図中のX・Yの海洋をそれぞれ何といいますか。
X（　　　　）
Y（　　　　）

(3) 六大陸のうち，世界で最も面積が小さいのは何大陸ですか。（　　　　）

(4) 地球の陸地と海の面積の割合はおよそ何対何ですか。整数で書きなさい。
陸地：海＝（　　：　　）

**2** 右の図を見て，次の問いに答えなさい。　8点×3〔24点〕

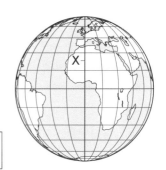

(1) 図中の赤道は，緯度何度の緯線ですか。（　　　　）

(2) 図中のXは，経度0度の経線です。次の問いに答えなさい。

① Xを何といいますか。（　　　　）

② Xが通る都市を，□□□から選びなさい。（　　　　）

| ニューヨーク　ロンドン　ケープタウン |
| --- |

**3** 右の2つの地図を見て，次の問いに答えなさい。　(2)8点，他7点×2〔22点〕

(1) A・Bの地図の特徴を，次からそれぞれ選びなさい。
A（　）B（　）

ア 面積を正しく表している。
イ 国の形を正しく表している。
ウ 中心からの距離と方位を正しく表している。
エ 世界全体を見ることができない。

(2) 面積・方位・形などのすべてを正しく表している模型を何といいますか。
（　　　　）

## 第1章 世界の地域構成②

❶アジア州
　ユーラシア大陸の東側に位置する州。

❷独立国
　主権・国民・領域をもつ国。

❸国際連合
　世界平和を守ることを目的とする国際機関。

❹植民地
　他国に支配されている地域。

❺ロシア連邦
　ユーラシア大陸の北部にある国。

❻バチカン市国
　世界で最も面積が小さい国。イタリアの首都ローマ市内にある。

❼国旗
　国をあらわす旗。

❽国境
　国と国との境で、国家の主権の及ぶ範囲を示す線。

❾パスポート
　旅券。持ち主の国籍や身分を証明する。

テストに出る！ ココが要点　　解答 p.1

### 1 200近くの国々からなる世界　教 p.16～17

▷　世界の国々
- 六つの州…（❶　　　　　），アフリカ州，ヨーロッパ州，北アメリカ州，南アメリカ州，オセアニア州。
- さまざまな国（（❷　　　　　））や地域から構成。
- （❸　　　　　）（国連）の加盟国…1945年の発足当時は51か国で，アフリカ州やアジア州には独立していない地域（（❹　　　　　））があった。現在は193か国（2019年末）。

▷　世界の国々の面積
- 面積が大きな国…最も大きな国は（❺　　　　　）。カナダやアメリカ合衆国，中国，ブラジルは日本の20倍以上。
- 面積が小さな国…最も小さな国は，イタリアの首都ローマ市内にある（❻　　　　　）。シンガポール，スイスなど。

▷　世界の人口…77億1000万人以上（2019年現在）。
- 人口の多い国…中国（約14億3000万人），インド（約13億7000万人）。
- 人口が最も少ない国…バチカン市国（約800人）。

### 2 「ユニオンジャック」はどこにある？　教 p.18～19

▷　（❼　　　　　）…国を象徴する旗。
- イギリス…「ユニオンジャック」。イングランド，スコットランド，かつてのアイルランドの旗を組み合わせたもの。
- オセアニア州のオーストラリア，ニュージーランドなど…「ユニオンジャック」が使われる→かつてイギリスの植民地。
- イスラム教徒の多い国…イスラム教を象徴する緑色。

▷　（❽　　　　　）…国と国との境。
- 自然（山や川など）のものや，緯線・経線などに基づく。
- 越えるときに（❾　　　　　）の検査が必要な場合が多い。

▷　国の名前
- エクアドル…スペイン語で「赤道」という意味。
- コロンビア…「コロンブスの国」という意味。
- ベネズエラ…「小さなベネチア」という意味。

テストに出る！

# 予想問題 第1章 世界の地域構成②

⏱ 30分

/100点

**1** 右の地図を見て，次の問いに答えなさい。

(3)4点×4，他8点×3〔40点〕

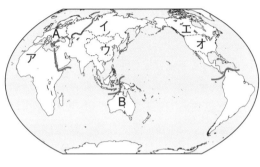

よく出る (1) 地図中のA・Bの州をそれぞれ何といいますか。

A （　　　　　）

B （　　　　　）

(2) 日本は何州に属していますか。

（　　　　　）

よく出る (3) 次の①・②にあてはまる国を，地図中のア〜オからそれぞれ選びなさい。また，国名も書きなさい。

①記号（　　）国名（　　　　　）

②記号（　　）国名（　　　　　）

① 世界で最も面積が広い国。

② 人口が14億人をこえる国。

**2** 次の資料と地図を見て，あとの問いに答えなさい。

(4)6点×2，他8点×6〔60点〕

A  B

よく出る (1) Aについて，次の問いに答えなさい。

① どこの国の国旗ですか。国名を書きなさい。 （　　　　　）

② この国旗は何とよばれていますか。

（　　　　　）

③ ②が国旗の一部として使われている国を，地図中のア〜オから2つ選びなさい。

（　　）（　　）

(2) Bの国旗の緑色は何という宗教（しゅうきょう）を象徴（しょうちょう）していますか。 （　　　　　）

(3) 地図中の■■の2国間は，何が国境となっていますか。□から選びなさい。 （　　　　　）

| 川 | 山 | 緯線（いせん） | 経線（けいせん） |

(4) 次の①・②にあてはまる国を，あとからそれぞれ選びなさい。

① 国名は，「小さなベネチア」という意味である。 ①（　　）②（　　）

② 国名は，スペイン語で「赤道（せきどう）」という意味である。

ア コロンビア イ エクアドル ウ ベネズエラ

# 第1編 世界と日本の地域構成

## 第2章 日本の地域構成

満点★ミッション

❶本初子午線
経度0度の経線。

❷時差
場所によって異なる時刻の差。

❸日付変更線
経度180度にほぼ沿うように走る，日付を調整するための線。

❹東経135度
日本の標準時子午線が通っている経度。

❺本州
日本の島のうち，最も大きな島。

❻領土
国の領域のうち，陸地の部分。

❼領空
国の領域のうち，領土・領海の上空。

❽排他的経済水域
海岸線から200海里以内の，領海を除く水域。

❾沖ノ鳥島
日本の最南端の島。日本の排他的経済水域を守るため，護岸工事が行われた。

---

### テストに出る！ ココが要点　　解答 p.2

**1 世界の中の日本の位置**　　教 p.20〜21

▷ 日本…**ユーラシア大陸**の東に位置する島国。国土はおよそ北緯20度から46度の間にある。

▷ 「**極東**」…ヨーロッパからみた東アジア。

▷ (❶　　　　　　　　)…各地の時刻の基準となる経度0度の線。イギリスの旧グリニッジ天文台を通る。

▷ 経度15度ごとに1時間の(❷　　　　　　　)が生じる。

▷ (❸　　　　　　　　)…ほぼ経度180度に沿って引かれている線。西から東へ越えるときは日付を遅らせ，東から西へ越えるときは1日進める。

▷ 日本の標準時子午線…(❹　　　　　　　)の線。兵庫県明石市を通る。

**2 日本の国土の広がり**　　教 p.22〜23

▷ 日本の国土…**北海道**，(❺　　　　　　　)，**四国**，**九州**の大きな島々と，その周辺の6800あまりの小さな島々。

● 規模…北海道から沖縄県までおよそ3000km。面積は約38万km²。

● 特徴…山が多く，平野が少ない。中央部に標高3000m級の高い山々が連なる。

▷ 国の領域…陸地の部分である(❻　　　　　　)，**領海**，それらの上空にある(❼　　　　　　)からなる。

● 領海…原則として干潮時の海岸線から**12海里**の範囲。

● (❽　　　　　　)

…領海を除く海岸線から**200海里**以内。水産資源や鉱産資源を自国のものとすることができる。

▷ 日本の端の島…北の端は**択捉島**，西の端は**与那国島**，東の端は**南鳥島**，南の端は(❾　　　　　　)。

▷ 日本の領域の変化…明治時代以降，周辺の国・地域を**植民地**として支配し，領域を拡大。

▼国の領域

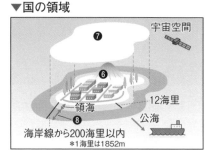

宇宙空間
❼
❻
12海里
領海
公海
❽
海岸線から200海里以内
＊1海里は1852m
（国連海洋法条約による）

ココが要点の答えになります。

### ③ 日本の領土をめぐって

教 p.24〜25

▷ (⑩              )…北海道の
東に位置する，**歯舞群島**，**色丹島**，
**国後島**，(⑪              )の総
称。

国後島　択捉島
色丹島
歯舞群島

● 第二次世界大戦後にソ連に占領さ
れ，ソ連が解体した後は(⑫              )が不法に占拠。
日本は返還を求め続ける。

▷ (⑬              )…**島根県**に属する島。現在，**韓国**が不法
に占拠し続ける。

▷ (⑭              )…**沖縄県**に属する島。資源をめぐり**中国**
が領有を主張。2012年，日本は島々の大半を国有化。

### ④ 47の都道府県

教 p.26〜27

▷ <u>都道府県</u>…1都(東京都)，1道(北海道)，2府(大阪府，京都府)，
43県，合わせて47。

● (⑮              )
…一つ一つの都道府県
や市区町村のこと。住
民のための仕事を行う。

● 明治時代の廃藩置県後
に統廃合され，1972年
(⑯              )
がアメリカ合衆国から
返還されて現在の形に。

▼ 日本の都道府県

● 道県庁所在地名は道県名と異なるもののみ表示
(道県庁所在地名)

▷ 七地方区分…**北海道地方**，**東北地方**，**関東地方**，**中部地方**，**近
畿地方**，**中国・四国地方**，**九州地方**。

▷ **都道府県庁所在地**…都道府県庁がおかれている都市。

● (⑰              )…大名などが住む城を中心に形成されて
きた町。都道府県庁所在地の多くは，この町として発達。

● (⑱              )…港を中心に形成されてきた町。横浜市
(神奈川県)，神戸市(兵庫県)，長崎市など。

● (⑲              )…寺院・神社を中心に発達してきた町。
長野市。

---

満点★ミッション

⑩ **北方領土**
北海道の東にある日
本固有の領土。

⑪ **択捉島**
北方領土の一つで，
日本最北端の島。

⑫ **ロシア連邦**
北方領土を不法に占
拠している国。

⑬ **竹島**
日本海に位置する，
韓国が不法に占拠し
ている島。

⑭ **尖閣諸島**
東シナ海に位置する，
中国が領有を主張し
ている島。

⑮ **地方公共団体
〔地方自治体〕**
都道府県や市区町村
のこと。

⑯ **沖縄県**
1972年にアメリカか
ら返還された県。

⑰ **城下町**
城を中心に発達して
きた町。

⑱ **港町**
港を中心に発達して
きた町。

⑲ **門前町**
寺院・神社を中心に
発達してきた町。

解答 p.2

テストに出る！

# 予想問題 第2章 日本の地域構成

⏱ 30分

/100点

**1** 右の地図を見て，次の問いに答えなさい。 3点×6〔18点〕

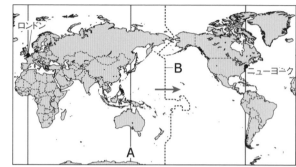

よく出る (1) 地図中のロンドンを通る，経度0度の経線を何といいますか。

（　　　　　　　　）

(2) 地図中のAは，日本の標準時子午線です。経度何度の線ですか。東経あるいは西経をつけて書きなさい。

（　　　　　　　　）

(3) 地図中にBについて，次の問いに答えなさい。

① Bを何といいますか。 （　　　　　　　　）

② Bを⟶の方向に越えるとき，日付はどうなりますか。次から選びなさい。（　　）

ア 1日進む。　　イ 1日遅れる。

よく出る (4) 日本とイギリスの時差は何時間ですか。 （　　　　　　　　）

(5) 地図中のニューヨークの標準時子午線は西経75度です。日本とニューヨークの時差は何時間ですか。 （　　　　　　　　）

**2** 次の文を読んで，あとの問いに答えなさい。 4点×7〔28点〕

> 日本は，（ A ）大陸の東側に位置し，国土は弓状に並ぶ北海道，本州，四国，九州の4つの大きな島と，その周辺の（ B ）あまりの島々から成り立つ。北海道から沖縄県までの距離はおよそ（ C ）km，国土面積は約（ D ）万km²である。

よく出る (1) 文中のAにあてはまる語句を書きなさい。 （　　　　　　　　）

(2) 文中のB〜Dにあてはまる数を，次からそれぞれ選びなさい。

B（　　）C（　　）D（　　）

ア 28　　イ 38　　ウ 1800　　エ 3000　　オ 3800　　カ 6800

(3) 文中の下線部のうち，最も大きな島はどれですか。

（　　　　　　　　）

(4) 右の図は，国の領域を示しています。X・Yにあてはまる語句を書きなさい。

X（　　　　　　　　）

Y（　　　　　　　　）

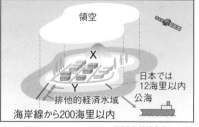

ちょっとひといき 問題をたくさん解くことで，パターンになれよう！

**3** 右の地図を見て，次の問いに答えなさい。　　　　　　　　3点×10〔30点〕

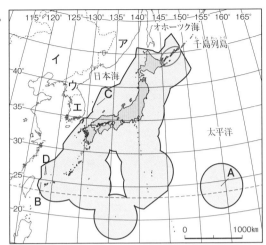

**よく出る**(1) 地図中の⬭の島々を何といいますか。また，この島々を占拠せんきょしている国を，地図中のア～エから選びなさい。

名前（　　　　　　　）

国（　　　　）

(2) 地図中のA・Bは日本の端の島です。島の名前を，次からそれぞれ選びなさい。

A（　　　　）　B（　　　　）

ア　択捉島えとろふとう　　イ　沖ノ鳥島おきのとりしま
ウ　南鳥島みなみとりしま　　エ　与那国島よなぐにじま

**よく出る**(3) 地図中のC・Dは日本固有の領土であるにもかかわらず，他国が占拠したり領有権を主張したりしています。それぞれ何という名前ですか。また，その国を地図中のア～エから選びなさい。

C名前（　　　　　　　）　国（　　　）

D名前（　　　　　　　）　国（　　　）

(4) 地図中の▭の水域について，次の問いに答えなさい。

①　この水域を何といいますか。（領海を含ふくんでいます。）　　（　　　　　　　　）

**記述**②　日本の①は国土面積の10倍以上あります。その理由を，簡単に書きなさい。

（　　　　　　　　　　　　　　　　　　　　　　　　）

**4** 右の地図を見て，次の問いに答えなさい。　　　　　　　　3点×8〔24点〕

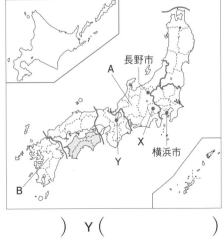

(1) 日本の都道府県は全部でいくつありますか。

（　　　　）

(2) 日本を七つの地方に区分した場合の，A・Bの地方名を書きなさい。　A（　　　　　　　）

B（　　　　　　　）

(3) 地図中の▩で示した四国地方しこくに属する県のうち，高知県こうち，徳島県とくしま，香川県かがわ以外の県名を書きなさい。　　（　　　　　　　）

(4) 地図中のX・Yの県庁所在地名を書きなさい。

X（　　　　　　　　）　Y（　　　　　　　　）

(5) 地図中の横浜市よこはま，長野市ながのはそれぞれどのような町から発達してきましたか。▭から選びなさい。　　横浜市（　　　　　　　）

長野市（　　　　　　　）

門前町もんぜんまち　　港町みなとまち　　城下町じょうかまち

# 第2編 世界のさまざまな地域

## 第1章 世界の人々の生活と環境①

テストに出る！ **ココ が 要点** 〔解答 p.3〕

### 1 地域によって気候が変わる 〔教 p.30〜31〕

▷ **気候帯**…（**❶** ＿＿＿＿＿＿＿＿＿）の広がりをもとにして区分。

● 植物がみられる気候帯…気温が高い順に **熱帯**，**温帯**，
（**❷** ＿＿＿＿＿＿＿）（**亜寒帯**）。

● 植物が育ちにくい気候帯…降水量が少ない **乾燥帯** と，気温が低い **寒帯**。

### 2 赤道に沿った暑い地域の暮らし 〔教 p.32〜33〕

▷ マレーシア…先住民によって **焼畑農業** が行われ，イギリスの植民地時代には **天然ゴム** の大農園や鉱山を開発。

▷ （**❸** ＿＿＿＿＿＿＿）…赤道を挟んで南回帰線と北回帰線の間に広がる気候帯。

● 一年中暑く雨が多い地域…樹木が密生する **熱帯雨林** が広がる。

● 南北の回帰線に近い地域…雨が多い **雨季** と雨が少ない **乾季** がみられ，（**❹** ＿＿＿＿＿＿＿）とよばれる草原が広がる。

### 3 植物の少ない乾いた地域の暮らし 〔教 p.34〜35〕

▷ モンゴル…**遊牧** が伝統的な暮らし。住居は **ゲル**。

▷ （**❺** ＿＿＿＿＿＿＿）…一年を通じ雨がほとんど降らない気候帯。

● 天然の泉が湧き出て水が得られる **オアシス** では，植物が育ち農業も行われる。

● 乾燥が著しい地域…ほとんど植物がみられない **砂漠** が広がる。一日の気温差が大きい。

● 少量の雨が降る地域…（**❻** ＿＿＿＿＿＿＿）とよばれる草原が広がる。

### 4 温暖な地域の暮らし 〔教 p.36〜37〕

▷ イタリア…伝統的な住居は石で造られ，窓が小さい。

▷ **温帯**…緯度30度以上の地域を中心とする気候帯。

● **西岸海洋性気候**…暖流と（**❼** ＿＿＿＿＿＿＿）の影響で，気温も降水量も変化が少ない。冬でも比較的暖かい。

● （**❽** ＿＿＿＿＿＿＿）…夏に気温が高く乾燥し，冬に雨が多い。

● **温暖湿潤気候**…（**❾** ＿＿＿＿＿＿＿）（**モンスーン**）の影響で，夏は高温で蒸し暑く，冬は低温。

---

❶ **植生**
特定地域に生育している植物の集団。

❷ **冷帯**
冬の寒さがきびしい気候帯。

❸ **熱帯**
一年を通して気温が高い気候帯。

❹ **サバナ**
熱帯でみられる，低木がまばらに生える草原。

❺ **乾燥帯**
一年を通して雨がとても少ない気候帯。

❻ **ステップ**
乾燥帯でみられる，短い草の草原。

❼ **偏西風**
中緯度地域で一年中西よりに吹く風。

❽ **地中海性気候**
夏に乾燥し，冬に雨が降る気候。地中海沿岸を中心に広がる。

❾ **季節風**
季節によって吹く向きが変わる風。

**ココ が 要点** の答えになります。

テストに出る！

# 予想問題　第1章 世界の人々の生活と環境①

⏱30分　/100点

**1** 右の地図を見て，次の問いに答えなさい。　8点×8〔64点〕

よく出る (1)　地図中の**A・E**の気候帯名を書きなさい。

　A（　　　　　）
　E（　　　　　）

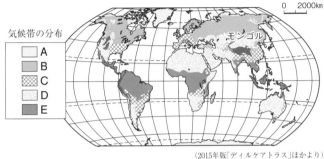

気候帯の分布
A B C D E

モンゴル

0　2000km

（2015年版「ディルケアトラス」ほかより）

(2)　次の①・②にあてはまる気候帯を，地図中の**A〜E**から選びなさい。①（　　）②（　　）

　①　一年を通して気温が高い。　　②　一年を通して降水量が少ない。

よく出る (3)　右のア〜エは地図中の**A〜E**のいずれかの気温と降水量を示しています。**E**にあてはまるものを選びなさい。　（　　）

気温　ア　イ　ウ　エ　降水量
年平均気温 21.7℃　年降水量 34.6mm
27.3℃　2672.3mm
-11.2℃　115.9mm
5.8℃　706.5mm
（「理科年表」）

(4)　地図中のモンゴルについて，次の問いに答えなさい。

　①　モンゴルで伝統的に行われてきた，らくだや羊などの家畜を連れて，水や草を求めて移動する暮らしを何といいますか。　（　　　　　　　）

　②　①の暮らしをする人々の，テントの住居を何といいますか。（　　　　　）

　③　モンゴルでみられる，短い草が生える草原を何といいますか。（　　　　）

**2** 温帯についてまとめた次の表を見て，あとの問いに答えなさい。　6点×6〔36点〕

| 気候区分 | 代表国 | 特　色 |
|---|---|---|
| （　A　） | イタリア | 夏に気温が高く乾燥し，冬に降水量がみられる。 |
| （　B　） | イギリス | 暖流と一年中その上空を吹く（　X　）の影響を受けて，冬でも比較的温暖である。 |
| （　C　） | 日本(東京) | （　Y　）の影響を受けて，夏は高温多雨，冬は低温。 |

(1)　表中の**A〜C**にあてはまる気候区名を，次からそれぞれ選びなさい。

　A（　　）B（　　）C（　　）

　ア　温暖湿潤気候　　イ　地中海性気候　　ウ　西岸海洋性気候

(2)　下線部のイタリアの伝統的な住居は何でできていますか。（　　　　　）

よく出る (3)　表中の**X・Y**にあてはまる風を，□から選びなさい。　季節風　偏西風

　X（　　　　　）　Y（　　　　　）

# 第2編 世界のさまざまな地域

## 第1章 世界の人々の生活と環境②

満点★ミッション

**テストに出る! ココが要点** 　解答 p.3

### 1 雪と氷に囲まれた地域の暮らし 　教 p.38～39

▷ カナダ北部での暮らし…先住民族の人々の移動手段は，かつては犬ぞりだったが，現在はスノーモービル。

▷ （**❶**　　　　　　　）（亜寒帯）…気温が低く，夏と冬で気温の差が大きい気候帯。

● （**❷**　　　　　　　）とよばれる針葉樹林が広がる。

▷ 寒帯…冷帯より緯度が高い地域に分布する気候帯。

● （**❸**　　　　　　　）…夏にこけ類や草などが生える気候。

● （**❹**　　　　　　　）…一年を通して雪と氷におおわれる気候。

● 緯度の高い地域では，夏に太陽が沈まない白夜がみられる。

### 2 標高が高い地域の暮らし 　教 p.40～41

▷ アンデス山脈での暮らし…寒さに強いリャマやアルパカなどを（**❺**　　　　　　　　　　）。

▷ 高山気候…標高が高いことから，赤道付近でも一年を通して涼しい気候。高山都市が発達。

### 3 さまざまな言語と人々の暮らし 　教 p.42～43

▷ （**❻**　　　　　　　）…人が生まれて最初に覚えた言語。世界には数千以上の言語があるとされる。

▷ （**❼**　　　　　　　）…国の政府が公の言葉として定めた言語。

▷ （**❽**　　　　　　　）…言語や宗教，慣習などを共有し，同一集団に属しているという意識をもつ人々の集まり。

### 4 さまざまな宗教と人々の暮らし 　教 p.44～45

▷ 世界宗教…世界で広く信仰。

● （**❾**　　　　　　　）…日曜日に教会に礼拝に行く。

● （**❿**　　　　　　　）…1日5回の礼拝や一定期間の断食。

● タイでは国民の9割が仏教を信仰。

▷ 民族宗教…発祥の地の民族に信者がほぼ限られる宗教。

● 牛が神聖な動物とされる（**⓫**　　　　　　　）やユダヤ教など。

▼世界の宗教別人口の割合

その他 22.8
キリスト教 32.9%
74億3300万人（2016年）
仏教 7.0
ヒンドゥー教 13.7
イスラム教 23.6

その他には無宗教を含む。
（「ワールドアルマナック2019年版」）

---

**❶冷帯**
冬の寒さがきびしい気候帯。

**❷タイガ**
マツやモミなどが広がる針葉樹林帯。

**❸ツンドラ気候**
寒帯に属し，短い夏がある気候。

**❹氷雪気候**
寒帯に属し，一年中雪と氷におおわれる気候。

**❺放牧**
家畜を放し飼いにする牧畜。

**❻母語**
最初に覚えた言語。中国語が母語である人が最も多い。

**❼公用語**
政府が定めた言語。

**❽民族**
同じ意識をもつ人々の集団。

**❾キリスト教**
世界で最も信仰する人が多い宗教。

**❿イスラム教**
コーランを聖典とする宗教。

**⓫ヒンドゥー教**
インドで主に信仰されている民族宗教。

テストに出る！
**予想問題**

### 第1章 世界の人々の生活と環境②

⏰ 30分

/100点

**1** 右の地図を見て，次の問いに答えなさい。 6点×6〔36点〕

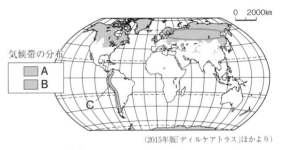

気候帯の分布
A
B

0　2000km

(1) 地図中に**A**で示された気候帯（きこうたい）を何といいますか。

（　　　　　　　　　　）

(2) (1)のうち，凍（こお）った地面が夏の間だけ解ける気候を何といいますか。

（　　　　　　　　　　）

(2015年版「ディルケアトラス」ほかより)

**よく出る** (3) 地図中の ⬭ に広がる，マツやモミなどの針葉樹林（しんようじゅりん）をカタカナで何といいますか。

（　　　　　　　　　　）

(4) 地図中の**C**の地域（ちいき）について，次の問いに答えなさい。

① この地域で放牧されている家畜（かちく）を2つ書きなさい。

（　　　　　　　　　）（　　　　　　　　　）

**記述** ② この地域は赤道に近いところでも，涼（すず）しい気候になっています。この理由を，「標高」「気温」という語句を使って簡単に書きなさい。

（　　　　　　　　　　　　　　　　　　　　　　　　　　　　）

**2** 世界の言語と宗教（しゅうきょう）について，次の問いに答えなさい。 8点×8〔64点〕

(1) 人がそれぞれの国において，生まれて初めて覚える言葉を何といいますか。

（　　　　　　　　　　）

(2) (1)として使う人が世界で最も多い言語を，□□□から選びなさい。（　　　　　　　　　）

英語　スペイン語　中国語

**よく出る** (3) 宗教の分布を示した右の地図中の**A〜D**にあてはまる宗教名を書きなさい。

A（　　　　　　　　）
B（　　　　　　　　）
C（　　　　　　　　）
D（　　　　　　　　）

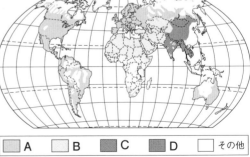

■A　□B　▨C　▨D　□その他

**よく出る** (4) イスラム教にあてはまるものを，次から2つ選びなさい。（　　　）（　　　）

ア　1日5回，礼拝（れいはい）を行う。　　イ　牛は神聖（しんせい）な動物とされることから牛肉を食べない。

ウ　日曜日に教会で礼拝する。　　エ　一定の期間，食べ物を食べない断食（だんじき）を行う。

## 第2章 世界の諸地域　1　アジア州

 満点★ミッション

テストに出る！ ココが要点 　解答 p.4

❶**植民地**
他の国に支配された地域。

❷**発展途上国**
経済が発展しつつある国のこと。

❸**季節風**
季節によって吹く向きが異なる風。

❹**工業化**
工業が発展していくこと。

### 1 アジアをながめて　教 p.50〜51

▷ 歩み…近代に多くの国・地域が（❶　　　　　　）とされ、独立後も（❷　　　　　　）のまま。近年は経済が急速に発展。

▷ 自然…湿潤な地域と乾燥した地域

● 湿潤地域…（❸　　　　　　）（モンスーン）の影響で降水量が多く、稲作などの農業が盛ん。人口密度が高い。

● 乾燥地域…砂漠や高原が広がり、伝統的に遊牧が行われる。

### 2 工業化と大都市の成長　教 p.52〜53

▷ 大韓民国（韓国）…1960年代から（❹　　　　　　）をおし進め、アジアNIES（新興工業経済地域）とよばれてきた。

● 首都ソウルとその周辺に人口集中。農村では過疎化と高齢化が進行。

▷ 朝鮮民主主義人民共和国（北朝鮮）…社会主義国として工業や農場を集団化。食料が不足しがち。

❺**一人っ子政策**
一組の夫婦の子どもは一人とする政策。

❻**漢族**
中国の人口の9割を占める民族。

### 3 巨大な人口を支える農業と多様な民族　教 p.54〜55

▷ 中華人民共和国（中国）の人口…世界の約5分の1。

●「（❺　　　　　　）」は2015年末に廃止。

▷ 中国の民族…人口の約9割が（❻　　　　　　）で、その他の民族は少数民族。

▷ 農業…東部では長江や黄河などの流域を中心に農業が盛ん。西部では牧畜。

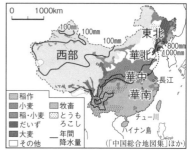
▼中国の農業の分布

| 0　　1000km |
| 稲作 |
| 小麦 ／ 牧畜 |
| 稲・小麦 ／ とうもろこし |
| だいず |
| 大麦 ／ 一年間 |
| その他 ／ 降水量 |

東北　華北　華中　華南　西部　チュー川　ハイナン島
「中国総合地図集」ほか

❼**経済特区**
税金などの負担が軽減された特別地域。

❽**世界の工場**
中国が多くの製品をつくっていることからよばれた言葉。

❾**世界の市場**
中国で生産された部品が、国内でも購入されるようになったことから、よばれた言葉。

### 4 「世界の工場」から「世界の市場」へ　教 p.56〜57

▷ 中国の農村で郷鎮企業とよばれる工場が成長。学びながら経済を発展させるため南部の沿海部に（❼　　　　　　）を設置。

▷ 多くの外国企業が中国へ進出→中国で生産された製品が世界中へ輸出→「（❽　　　　　　）」とよばれる。

▷ 中国の人々の経済力が向上→製品は輸出だけでなく国内でも購入され、「（❾　　　　　　）」ともよばれるように。

## 5 変わる産業と貿易

▶ 東南アジアの農業…水田と (❿　　　　　　　　) による作物の栽培。

- マレーシアやインドネシアは**天然ゴム**から<u>油やし</u>へ転換。
- フィリピンは (⓫　　　　　　　　) を大規模に栽培。
- ベトナムではコーヒーの生産が急増。

▶ 東南アジアの工業…1980年代から日本を含む外国企業が進出。現地の人々を安い<u>賃金</u>で<u>雇い</u>工業化が進む。

▶ <u>東南アジア諸国連合</u>( (⓬　　　　　　　) )…東南アジア10か国が<u>加盟</u>する<u>経済協力</u>組織。

## 6 発展する産業と社会

▶ 南アジアの農業

- **ヒンドスタン平原**などでは<u>稲作</u>が盛ん。
- **パンジャブ地方**は小麦などの<u>穀倉</u>地帯。
- **スリランカ**やインド北東部の**ダージリン**などは<u>茶</u>の産地。
- **デカン高原**は (⓭　　　　　　　　) の原材料となる綿花を栽培。

▶ 南アジアの工業

- **イギリス植民地時代**に綿工業や製鉄業など近代的工業が始まる。
- 2000年代に，<u>繊維</u>製品に加え電気製品・自動車の生産急増。
- **デリー・ムンバイ・コルカタ**など大都市郊外の工業団地には，日本をはじめとする多くの外国企業の工場が立地。
- 近年は (⓮　　　　　　　　) が発展。理数系の教育が重視されていること，**英語**を話す労働者が多いこと，<u>賃金</u>水準が低いことが背景。

## 7 豊かな天然資源に支えられて

▶ ペルシア<u>湾岸</u>地域… (⓯　　　　　　　) を<u>採掘</u>。

- **サウジアラビア**は世界有数の産油国。
- <u>石油輸出国機構</u>( (⓰　　　　　　　) )…産油国が結成した組織。原油価格の設定などを通じて世界に大きな<u>影響</u>を<u>及</u>ぼす。

▶ 中央アジア…原油のほか，天然ガス，ウラン， (⓱　　　　　　　)，金などの鉱産資源が産出される地域も多い。

▶ 中央アジアの文化…<u>遊牧</u>をしていたトルコ<u>系</u>の民族やオアシス農業をしてきたイラン系の民族の文化。

▶ 中央アジアの<u>宗教</u>…**イスラム教**を<u>信仰</u>する人が多い。

満点★ミッション

❿ **プランテーション**
植民地時代に開かれた大農園。

⓫ **バナナ**
フィリピンで大規模に栽培されている果物の1つ。

⓬ **ASEAN**
東南アジアの10か国による経済協力組織。

⓭ **繊維産業**
綿花やジュートなどから布を生産する産業。

⓮ **情報通信技術 (ICT) 産業**
コンピューターのソフトウェアなどを開発する産業。

⓯ **原油**
火力発電や工業の原料となる鉱産資源。

⓰ **OPEC**
サウジアラビアなどの産油国が結成した組織。

⓱ **レアメタル**
マンガンやクロムなどの希少金属のこと。

15

テストに出る！

予想問題　第2章 世界の諸地域　1　アジア州

🕐30分

/100点

**1** 右の地図を見て，次の問いに答えなさい。　　　4点×8〔32点〕

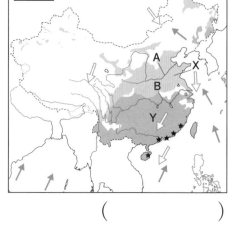

(1)　A・Bの河川名を，それぞれ書きなさい。

A（　　　　　　）

B（　　　　　　）

よく出る (2)　地図中の矢印は，アジアの気候に影響を与える，夏と冬で向きが変わる風です。この風の名前をカタカナで書きなさい。　（　　　　　　）

よく出る (3)　中国の人口のうち，約9割を占める民族を何といいますか。　（　　　　　　）

(4)　中国が人口増加をおさえるために，かつて行っていた政策を何といいますか。

（　　　　　　　　　）

(5)　地図中のX・Yの地域で栽培されているものを，次からそれぞれ選びなさい。

X（　　　）　Y（　　　）

ア　米　　イ　小麦　　ウ　とうもろこし　　エ　だいず

よく出る (6)　地図中の★は，経済を発展させるため，税金などの負担を軽くすることで外国企業を招いて高度な技術や資金を導入した地域です。この地域をまとめて何といいますか。

（　　　　　　　）

**2** 右の地図を見て，次の問いに答えなさい。　　　4点×5〔20点〕

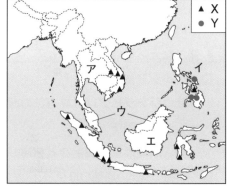

(1)　地図中のX・Yで栽培されているものを，次からそれぞれ選びなさい。

X（　　　）　Y（　　　）

ア　ぶどう　　イ　コーヒー

ウ　バナナ　　エ　茶

(2)　東南アジアでは，植民地時代に開かれた大農園でさまざまな作物が栽培されています。この大農園を何といいますか。　（　　　　　　）

よく出る (3)　地図中の東南アジア10か国が加盟している，経済協力のための組織を何といいますか。アルファベットで書きなさい。　（　　　　　　）

(4)　次の説明にあてはまる国を，地図中のア〜エから選びなさい。

「首都はバンコクで，国民の多くは仏教を信仰している。」　　　　（　　　）

**3** 右の地図を見て，次の問いに答えなさい。　　　　　　　　　　　　　4点×7〔28点〕

(1) 地図中の**A**の高原，**B**の河川を何といいますか。

A （　　　　　　）

B （　　　　　　）

(2) 地図中の**X・Y**で主に栽培されているものを，次からそれぞれ選びなさい。

X （　　）　Y （　　）

ア　茶　　　イ　ジュート

ウ　米　　　エ　綿花

(3) 地図中のデリーやムンバイ，コルカタなどの大都市の郊外に立地している，工場が集まった地区を何といいますか。　　　　　　　　　　　　　　　　　　（　　　　　　　　　）

(4) 地図中のインドで近年発展している情報通信技術産業について，次の問いに答えなさい。

① 情報通信技術の略称を，アルファベット3字で書きなさい。　　（　　　　　　　　）

⟋記述 ② インドで情報通信技術産業が急速に発展した理由を，「英語」「賃金」という語句を使って書きなさい。

（　　　　　　　　　　　　　　　　　　　　　　　　　　　　　　　　）

**4** 右の地図を見て，次の問いに答えなさい。　　　　　　　　　　　　　4点×5〔20点〕

よく出る (1) 地図中の**X**の湾を何といいますか。

（　　　　　　　　）

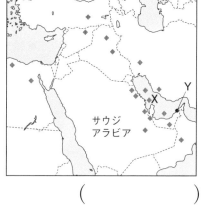

よく出る (2) 地図中の◆で産出される地下資源を，□□から選びなさい。　　　　　　　（　　　　　　　　）

| 石炭　　　原油　　　鉄鉱石　　　銅鉱石 |

(3) (2)の輸出国が集まって結成され，価格や産出量を調整して世界に大きな影響を与えている国際組織を何といいますか。アルファベットで書きなさい。　　　　　　　　　（　　　　　　　　）

(4) 地図中の**Y**には，世界一高いビルが建てられました。この都市を何といいますか。

（　　　　　　　　）

(5) サウジアラビアについて述べた文として正しいものを，次から選びなさい。　　（　　）

ア　牛肉を食べることは禁止されている。

イ　酒類を飲むことは禁止されている。

ウ　イスラム教発祥の地はメディナである。

エ　女性が自動車を運転することは禁止されている。

# 第2編 世界のさまざまな地域

## 第2章 世界の諸地域　2 ヨーロッパ州

解答 p.5

**テストに出る！ ココが要点**

### 1 ヨーロッパをながめて　教 p.68〜69

▷　気候…日本より高緯度にあるが，暖流の**北大西洋海流**と，その上を吹く（**❶**　　　　　　　　　　　）の影響で比較的温和。

●大西洋や北海に面した地域…（**❷**　　　　　　　　　）**気候**で，同緯度の内陸部と比べると冬の寒さは厳しくない。

●南部…（**❸**　　　　　　　　　）**気候**で，夏の降水量が少ない。

▷　地形…中央部にアルプス山脈，スカンディナビア半島の西側の海岸線には（**❹**　　　　　　　　　）とよばれる氷河地形がみられる。

▷　多様な民族と言語

| 北西部 | 英語・ドイツ語などの**ゲルマン**系言語 |
|---|---|
| 南　部 | フランス語・イタリア語などの**ラテン**系言語 |
| 東　部 | ロシア語などの**スラブ**系言語 |

### 2 ヨーロッパの統合とその課題　教 p.70〜71

▷　大国に対抗するため1967年に**ヨーロッパ共同体（EC）**を結成→1993年に（**❺**　　　　　　　　　）**（EU）**へと発展。

●国境間の移動はパスポートなしで自由。

●EUの共通通貨（**❻**　　　　　　　　　）を多くの国で導入。

●輸入品にかかる税金を廃止→貿易が活発化。

▷　課題…西ヨーロッパ諸国と所得水準の低い東ヨーロッパ諸国との間には，経済的な格差がみられる。

### 3 ヨーロッパの農業のいま　教 p.72〜73

▷　（**❼**　　　　　　　　　）…南部の地中海沿岸で行われる。夏に乾燥に強いオリーブやぶどう，冬に小麦や牧草などを栽培。

▷　（**❽**　　　　　　　　　）…アルプス山脈よりも北側の地域で行われる。小麦やじゃがいもなどの畑作と家畜の飼育。

▷　（**❾**　　　　　　　　　）…北海沿岸やアルプス山脈などで行われる。チーズやバターを生産。

▷　**園芸農業**…大都市の周辺。花や野菜を栽培。

▷　フランス…EUの農業生産額の2割以上を占め，特に**小麦**の生産が盛んで「**EUの穀倉**」とよばれる。

▷　EUは**食料自給率**を上げるため，主な農作物の価格を統一。

---

## 満点★ミッション

**❶偏西風**
中緯度地域で一年中西よりに吹く風。

**❷西岸海洋性気候**
温帯の一つで，冬でも気温が比較的高い。

**❸地中海性気候**
温帯の一つで，夏に少雨で，冬に多雨。

**❹フィヨルド**
奥行きのある深い湾。

**❺ヨーロッパ連合**
ヨーロッパの政治的・経済的統合をめざした組織。

**❻ユーロ**
EUの共通通貨。

**❼地中海式農業**
地中海沿岸で行われている農業。

**❽混合農業**
家畜の飼育と畑作を組み合わせた農業。

**❾酪農**
乳用牛を飼育し，牛乳や乳製品を生産する畜産。

**ココが要点の答えになります。**

**4 国境を越える工業生産** 教 p.74〜75

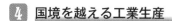

▷ 西ヨーロッパ諸国の工業…世界で最も早く近代工業が誕生。内陸部で発達したが, 現在はオランダの<u>ロッテルダム</u>など沿岸部が中心。

▷ ドイツ…ヨーロッパ最大の工業国。

● <u>石炭</u>や (⑩　　　　　　　) などが豊富で, 内陸部の<u>ルール地方</u>を中心に鉄鋼業などの (⑪　　　　　　　) が発達。

● 第二次世界大戦後…南部で自動車などの機械工業が発達。医薬品などの化学製品や航空機などの先端技術産業も成長。

● 1960年代から, トルコなど地中海(ちちゅうかい)沿岸の国々から多くの (⑫　　　　　　　) を受け入れる。

▷ フランス…南部の<u>トゥールーズ</u>は航空機生産の中心地として発展(はってん)。EU各国企業(きぎょう)が合同で設立した<u>エアバス社</u>の組み立て工場がある。

**5 持続可能な社会づくり** 教 p.76〜77

▷ 環境問題…19世紀から大気汚染(おせん)や水質汚染が問題に。

● (⑬　　　　　　　)…森林が枯れるなどの被害(ひがい)。

● (⑭　　　　　　　)…温室効果ガスを減らす対策(たいさく)が進む。

▷ 発電方式…二酸化炭素の排出量が少ない原子力発電を推進。

● 1986年にウクライナ(当時はソ連)の<u>チョルノービリ(チェルノブイリ)</u>で爆発(ばくはつ)事故が起こり, 安全性について関心が高まる。

▷ (⑮　　　　　　　)…くり返し使えるエネルギー。

● デンマーク…<u>風力</u>や<u>バイオマス</u>などの導入が進む。

● スペイン…風力や<u>太陽光・太陽熱</u>による発電を導入。

**6 広い国土をもつロシア連邦** 教 p.78〜79

▷ <u>ロシア連邦(れんぽう)</u>の国土…ほとんどは冷帯や寒帯。

● 西部…穀物栽培(こくもつさいばい)が盛(さか)ん。首都<u>モスクワ</u>を中心に人口が集中。

● 東部…シベリアには広大な<u>針葉樹林帯(しんようじゅりんたい)</u>((⑯　　　　　　　))や寒冷な (⑰　　　　　　　)**気候**が広がる。

▷ ロシア連邦の国民…約8割がスラブ系ロシア人。キリスト教のうち, ロシア正教を信仰(しんこう)する人が多い。

▷ 1991年に<u>ソビエト社会主義共和国連邦(しゃかいしゅぎきょうわこく)(ソ連)</u>が解体→国土の大半をロシアが引きつぐ。

▷ (⑱　　　　　　　) を通じてEUに<u>石油</u>や<u>天然ガス</u>を輸出。

▷ 日本とのつながり…鉱産資源や魚介類(ぎょかい), 木材を日本に輸出。日本からは自動車などを輸入。

満点★ミッション

⑩**鉄鉱石**
鉄鋼製品を生産するための主原料。

⑪**重化学工業**
金属工業や機械工業, 化学工業などの総称。

⑫**外国人労働者**
外国から働きにやってきた人々。

⑬**酸性雨**
工場や自動車から排出された有害物質が原因となって降る酸性度の高い雨。

⑭**地球温暖化(おんだんか)**
二酸化炭素などが原因となって, 地球の気温が高くなる現象。

⑮**再生可能エネルギー**
風力や太陽光など, くり返し使うことができるエネルギー。

⑯**タイガ**
マツやモミが広がる針葉樹林帯のこと。

⑰**ツンドラ気候**
寒帯の気候の一つで, 短い夏がある。

⑱**パイプライン**
天然ガスなどを送るために設置された管。

テストに出る！

# 予想問題

## 第2章 世界の諸地域　2　ヨーロッパ州

⏲ 30分

/100点

**1** 右の地図を見て，次の問いに答えなさい。

4点×11〔44点〕

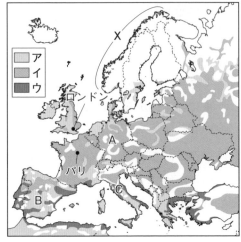

よく出る (1) 地図中のXでみられる氷河地形を何といいますか。（　　　　　　）

よく出る (2) 次の文中の①〜③にあてはまる言葉を書きなさい。
①（　　　　　　）
②（　　　　　　）
③（　　　　　　）

「地図中のパリやロンドンは（①）気候に属し，暖流の（②）海流や（③）の影響（えいきょう）で，高緯度（いど）のわりに冬でも温暖（おんだん）である。」

(3) 地図中のA・Bの国で主に使われている言語を，次からそれぞれ選びなさい。
A（　　　）　B（　　　）

ア　ラテン系（けい）言語　　イ　スラブ系言語　　ウ　ゲルマン系言語

(4) 次の①・②の農業を何といいますか。また，この農業が分布している地域（ちいき）を，地図中のア〜ウからそれぞれ選びなさい。
①（　　　　　　）　記号（　　　）
②（　　　　　　）　記号（　　　）

①　畑作と家畜（かちく）の飼育を組み合わせた農業

②　乳牛を飼育してチーズやバターをつくる農業

よく出る (5) 地図中のCの国で生産が盛んな農産物を，次から選びなさい。（　　　）

ア　ライ麦　　イ　オリーブ　　ウ　てんさい　　エ　じゃがいも

**2** 右のグラフを見て，次の問いに答えなさい。

3点×4〔12点〕

(1) 右のグラフは，世界の貿易に占める各地域・国の割合を示したものです。EU（ヨーロッパ連合）にあてはまるものを，グラフ中のア〜エから選びなさい。（　　　）

よく出る (2) EUの共通の通貨を何といいますか。（　　　　　　）

(3) EUについて述べた文として正しいものを，次から2つ選びなさい。（　　　）（　　　）

ア　東ヨーロッパの国は加盟（かめい）していない。

イ　加盟国間では，パスポートなしで国境を行き来することができる。

ウ　EUでは，すべての加盟国が共通通貨を使用している。

エ　加盟国からの輸入品には税金がかからない。

その他 35.2

輸出額合計 19兆3211億ドル

ア 33.5%

イ 12.9

ウ 8.6

エ 3.8

（ホンコン）2.9

韓国 3.1

（2018年国連資料）

ちょっとひといき　できなかった問題は自分ののびしろ！ テスト後に復習すればどんどんのびるよ。

**3** 右の地図を見て，次の問いに答えなさい。

3点×8〔24点〕

(1) ヨーロッパ最大の工業国を，地図中のア〜エ
から選びなさい。　　　　　（　　　）

よく出る (2) 地図中のX・Yにあてはまる鉱産資源を，
□からそれぞれ選びなさい。

X（　　　　　　　）

Y（　　　　　　　）

鉄鉱石
石油
石炭

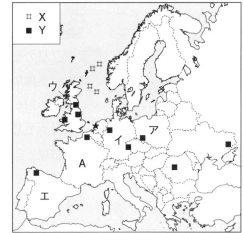

よく出る (3) 地図中の★は現在ヨーロッパの工業の中心と
なっている都市の一つです。この都市を何とい
いますか。　　　　（　　　　　　　）

(4) ヨーロッパの国々が，各部分ごとに生産を分担し，地図中のAの国で組み立てを行って
いる輸送機器を，次から選びなさい。　　　　　　　　　　　　　（　　　）

ア　自動車　　イ　航空機　　ウ　船舶　　エ　鉄道車両

(5) 次の①・②にあてはまる環境問題をそれぞれ何といいますか。

①（　　　　　　　）②（　　　　　　　）

①　工場や自動車から排出される有害物質により，森林を枯らせる雨が降る。

②　二酸化炭素などの温室効果ガスの影響で，気温が上昇する。

(6) 再生可能エネルギーにあてはまらないものを，次から選びなさい。　　（　　　）

ア　太陽光　　イ　天然ガス　　ウ　バイオマス　　エ　風力

**4** 右の地図を見て，次の問いに答えなさい。

4点×5〔20点〕

(1) 地図中のロシア連邦は，ヨーロッパ州と
何州にまたがっていますか。

（　　　　　　　）

(2) 針葉樹林が広がっている地域を，地図中
のア〜ウから選びなさい。　　（　　　）

(3) 針葉樹林が広がる地域は何とよばれてい
ますか。カタカナ4字で書きなさい。

（『ディルケアトラス 2015年版』ほか）

（　　　　　　　）

(4) 地図中のXは，夏の短い間だけこけ類や低木が育つ寒冷な気候の地域を示しています。
この気候を何といいますか。　　　　　　　　　　　　　　　　（　　　　　　　）

(5) 地図中の ━━ で示した，ロシアからヨーロッパの国々へ石油や天然ガスを輸送するた
めに設けられた管を何といいますか。　　　　　　　　　　　　（　　　　　　　）

# 第2編 世界のさまざまな地域

## 第2章 世界の諸地域　3　アフリカ州

テストに出る！ **ココが要点** 解答 p.6

**満点★ミッション**

❶**サハラ砂漠**
世界最大の砂漠。

❷**サヘル**
サハラ砂漠の南の縁にある地域。砂漠化が進行している。

**1　アフリカをながめて**　教 p.84〜85

▷　自然環境…北部に世界最大の（❶　　　　　　），その東にナイル川が流れる。ビクトリア湖やタンガニーカ湖の周辺にはアフリカで最も高いキリマンジャロ山などの火山が分布。

▷　気候

● 赤道周辺…熱帯雨林気候。

● 南北の回帰線付近…ステップ気候，砂漠気候。

● アルジェリアやモロッコ，南アフリカ…<u>地中海性気候</u>。

▷　（❷　　　　　　）…サハラ砂漠の南側の地域。<u>砂漠化</u>が問題に。

❸**植民地**
他国の支配を受けた地域。

❹**プランテーション農業**
特定の商品作物を大量に，大規模な農園で栽培する農業。

❺**フェアトレード**
公正貿易のこと。

❻**遊牧**
羊や山羊などの家畜とともに水を求めて移動して行う牧畜。

❼**オアシス**
砂漠の中で水が得られる場所。

**2　アフリカの農業からみえる課題**　教 p.86〜87

▷　熱帯地域…ヨーロッパ人が進出して（❸　　　　　）化を進め，輸出向けの（❹　　　　　）**農業**を開始。

● <u>カカオ</u>…コートジボワールとガーナで世界生産量の約半分。

● 世界中で，公正な価格で買い取り，農家の収入を増やそうとする（❺　　　　　）の動きが進む。

▷　乾燥地域

● 砂漠の周辺…家畜と移動する（❻　　　　　）が行われる。水が得られる（❼　　　　　）では小麦などを栽培。

● 北部の地中海沿岸と南部の温帯地域…オリーブやぶどうを栽培。

● 先進各国…農地の拡大など，自立のための援助を進める。

❽**レアメタル**
クロムやコバルトなどの希少金属。

❾**モノカルチャー経済**
アフリカ諸国の多くで見られる経済状態。

**3　アフリカの資源からみえる課題**　教 p.88〜89

▷　豊富な資源…植民地時代にヨーロッパ諸国により開発。

● 南アフリカ共和国…石炭，鉄鉱石，金，（❽　　　　　）

● アルジェリア・ナイジェリア…石油

● ザンビア…銅

● ボツワナ・コンゴ民主共和国…ダイヤモンド

▷　（❾　　　　　　）…特定の鉱産資源や特定の農作物の生産・輸出に頼る経済。収入が不安定になりやすい。

▷　<u>アフリカ連合（AU）</u>…EUをモデルとして結成，各国共通の課題の解決を目ざす。

テストに出る！

# 予想問題　第2章 世界の諸地域　3 アフリカ州

⏱ 30分

/100点

**1** 右の地図を見て，次の問いに答えなさい。

8点×8〔64点〕

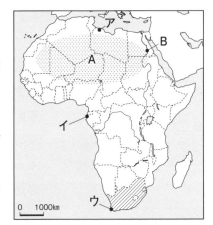

**よく出る** (1) Aの砂漠，Bの河川の名前をそれぞれ書きなさい。

A（　　　　　　　） B（　　　　　　　）

(2) 次の文中のX・Yにあてはまる語句を，それぞれ書きなさい。

X（　　　　　　　）

Y（　　　　　　　）

「地図中のAの南側の地域は（ X ）とよばれ，植物が育たなくなる（ Y ）が進行している。」

(3) 右のグラフは，地図中のア〜ウのいずれかの都市の気候と降水量を示したものです。①〜③の都市を，それぞれ選びなさい。

①（　　　） ②（　　　） ③（　　　）

(4) 地図中の▨の国でかつてとられていた人種隔離政策を何といいますか。

（　　　　　　　）

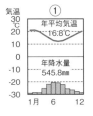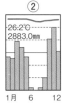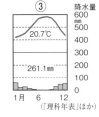

気温　①　②　③　降水量

① 年平均気温16.8℃　年降水量545.8mm

② 26.2℃ 2883.0mm

③ 20.7℃ 261.1mm

（「理科年表」ほか）

**2** 右の資料を見て，次の問いに答えなさい。

6点×6〔36点〕

(1) グラフ1は，カカオの国別生産割合を示したものです。Aにあてはまる国名を書きなさい。　（　　　　　　　）

(2) カカオのような農作物を輸出向けに大規模に栽培する農業を何といいますか。　（　　　　　　　）

▼グラフ1

ブラジル 4.6
カメルーン 5.9
ナイジェリア 6.3
インドネシア 11.3
その他 16.5
A 37.4%
447万t
ガーナ 18.1

（2018年 FAO資料）

**よく出る** (3) グラフ2は，ザンビアとナイジェリアの輸出品目の内訳を示しています。X・Yの鉱産資源を，次からそれぞれ選びなさい。　X（　　　） Y（　　　）

ア　マンガン　　イ　原油

ウ　銅　　　　　エ　ダイヤモンド

▼グラフ2

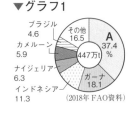

0　　　　50　　　100%

ザンビア（82億ドル）（2017年）　X75.2%　その他24.8

ナイジェリア（624億ドル）　Y82.3%　その他17.7

（2018年 国連資料）

**よく出る** (4) 南アフリカ共和国などで産出される，埋蔵量がとても少ない金属を何といいますか。

（　　　　　　　）

**記述** (5) グラフ2中の国々にみられるモノカルチャー経済とはどのような経済ですか。「鉱産資源」「農作物」という語句を使って書きなさい。

（　　　　　　　　　　　　　　　　　　　）

ちょっとひといき　外国の地名は，声に出してみると覚えやすい！

## 第2章 世界の諸地域　4 北アメリカ州

**満点★ミッション**

**❶ロッキー山脈**
北アメリカ大陸の西部を南北に走る山脈。

**❷ミシシッピ川**
北アメリカ大陸の中央部を流れる河川。

**❸五大湖**
アメリカ合衆国とカナダの国境付近にある湖。

**❹針葉樹林**
モミやマツなどからなる林。

**❺乾燥帯**
一年じゅう降水量が少ない気候帯。

**❻ハリケーン**
西インド諸島やメキシコ湾岸で発生する熱帯低気圧。

**❼バイオテクノロジー**
生物のもつ働きを応用する科学技術。

**❽アグリビジネス**
農業に関連するさまざまな産業のこと。

**❾適地適作**
環境に合わせて農産物を栽培すること。

---

**テストに出る！ ココが要点**　解答 p.6

**1 北アメリカをながめて**　教 p.94〜95

▷ 北アメリカ州の国々…アメリカ合衆国，日本の25倍以上の国土面積をもつカナダ，メキシコ湾に面するメキシコなどの中央アメリカの国々，カリブ海のキューバやジャマイカなどの島国。

**▼北アメリカ州の自然環境**

（❸　　　）湖
アパラチア山脈
グレートプレーンズ
プレーリー
中央平原
（❶　　　）山脈
（❷　　　）川
西インド諸島
カリブ海

▷ 気候
●北緯40度以北…（❹　　　　　　）が広がる冷帯。
●北緯40度以南…西経100度付近を境に東側は温帯，西側は（❺　　　　　　）と大きく区分される。
●中央アメリカやカリブ海付近…熱帯。強風や豪雨による被害をもたらす（❻　　　　　　）が発生することも。

**2 世界の食料庫**　教 p.96〜97

▷ 農業大国…アメリカ合衆国は小麦，とうもろこし，だいずなど，カナダは小麦で，世界有数の農産物の輸出国。

▷ アメリカ合衆国の農業の特色
●農業の大規模化…大型機械の導入による。
●（❼　　　　　　）によって新しい種子が開発され，遺伝子組み換え作物もつくられる。
●（❽　　　　　　）や穀物メジャーが，技術開発などを行う。
●（❾　　　　　　）の農業…自然環境と大都市への距離や労働力などの条件に適応した農業。
◇北東部…大都市周辺では酪農や園芸農業が盛んで，その南側にはとうもろこし地帯が広がる。
◇南部…綿花地帯が広がり，だいずや果実も栽培。
◇中西部…小麦地帯が広がり，南西側では放牧が行われる。
◇西海岸のカリフォルニア州…果物や野菜，米がつくられる。

ココが要点の答えになります。

③ **世界の最先端をゆく工業**　教 p.98〜99

▶ アメリカ合衆国の工業の発展

● 大西洋岸から五大湖周辺の北東部で発展。**ピッツバーグ**では鉄鋼業，**デトロイト**では自動車産業。

● 重化学工業が発展し，第一次世界大戦後，世界最大の工業国に。

● **流れ作業**による（**⑩**　　　　　　　）方式…アメリカの自動車産業で開発され，世界中に広まる。

● 情報通信技術(ICT)産業や航空宇宙産業などが発達。

▶ （**⑪**　　　　　　　）…北緯37度より南の工業が盛んな地域。

▶ （**⑫**　　　　　　　）…サンフランシスコ郊外にある，世界有数の**先端技術産業**が集まる地区。

▶ 世界中からやってくる**移民**の力を取り入れながら，新製品の開発・企画を行うことが強み。

▶ （**⑬**　　　　　　　）…世界中に生産や販売の拠点をもつ企業。

④ **世界に広がる生活様式**　教 p.100〜101

▶ 15世紀以前の北アメリカは（**⑭**　　　　　　　）が暮らす土地だったが，ヨーロッパからの**移民**が農地や牧草地に開拓。

● 大都市圏に多くの人が住み，（**⑮**　　　　　　　）のインターチェンジ付近に広大なショッピングセンターがある。

● ファストフードやコンビニエンスストア，スマートフォンなどはアメリカで開発。大量生産と大量消費の考え方に根ざす。

● （**⑯**　　　　　　　）…天然ガスの一種。新しい技術を生かし，生産量を増やす。

⑤ **多民族の共存と課題**　教 p.102〜103

▶ アメリカ合衆国やカナダは多くの移民を受け入れ，多民族からなる社会を形成。

▶ アメリカ合衆国…1865年に奴隷制を廃止し，1960年代に選挙や雇用などでの差別を禁止する法律が成立。

● （**⑰**　　　　　　　）…メキシコなどから移住してきた**スペイン語を話す移民**。近年増加。

▶ カナダ…国民の多くはイギリス系住民で，**ケベック州**はフランス系住民が多くを占める→公用語は英語とフランス語。

● （**⑱**　　　　　　　）…少数派の人々の伝統や文化の共存を認める政策。

満点 ★ ミッション

**⑩ 大量生産**
製品を大量に生産する方式。

**⑪ サンベルト**
北緯37度以南の新しい工業地域。

**⑫ シリコンバレー**
サンフランシスコ郊外の，先端技術産業が集積した地区。

**⑬ 多国籍企業**
複数の国で生産や販売を行う企業。

**⑭ 先住民**
古くからその土地に住んでいる人々。

**⑮ フリーウェイ**
高速道路網のこと。

**⑯ シェールガス**
地下奥深くにある岩の層から採掘される，天然ガスの一種。

**⑰ ヒスパニック**
アメリカにやってきたスペイン語を話す移民。

**⑱ 多文化主義**
少数派の人々に対し，言語など伝統や文化の共存を認める政策。

テストに出る！

予想問題　第2章 世界の諸地域　4 北アメリカ州

🕐30分

/100点

**1** 右の地図を見て，次の問いに答えなさい。

4点×5〔20点〕

よく出る(1)　Aの山脈，Bの河川の名前を書きなさい。

A（　　　　　　　）

B（　　　　　　　）

(2)　地図中のメキシコ湾岸などに強風や豪雨などの被害をもたらす熱帯低気圧を何といいますか。
（　　　　　　　）

(3)　次の①・②の気候が見られる地域を，地図中のア〜エからそれぞれ選びなさい。

①　年中高温で，夏の降水量が多い。（　　）

②　砂漠が広がっている。（　　）

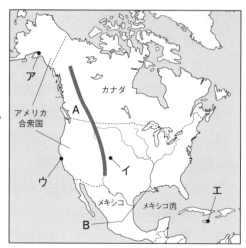

**2** 右の地図を見て，次の問いに答えなさい。

4点×6〔24点〕

よく出る(1)　アメリカ合衆国で行われている，自然環境や社会的な条件に対応した農業を何といいますか。
（　　　　　　　）

よく出る(2)　地図中のA・Bの地域で栽培が盛んな農作物を，□□からそれぞれ選びなさい。

A（　　　　　　　）

B（　　　　　　　）

| 小麦　　米　　綿花　　とうもろこし |

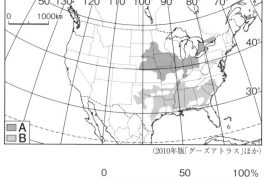

(2010年版「グーズアトラス」ほか)

(3)　右のグラフは，小麦，だいず，とうもろこしの，いずれかの生産量の国別割合を示しています。だいずにあてはまるものを，グラフ中のア〜ウから選びなさい。（　　）

(4)　アメリカ合衆国で盛んな，生物のもつさまざまな働きを応用し，人間の生活に役立てようとする科学技術のことを何といいますか。
（　　　　　　　）

(5)　アメリカ合衆国において，穀物の国際的な流通を支配し，世界の穀物価格にも大きな影響を及ぼしている大企業を何といいますか。
（　　　　　　　）

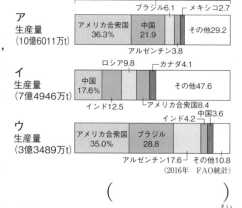

ちょっとひといき　見直しは何度しても◎！　最後の1秒までしっかり見よう！

解答 p.6

**3** 右の地図を見て，次の問いに答えなさい。

4点×6〔24点〕

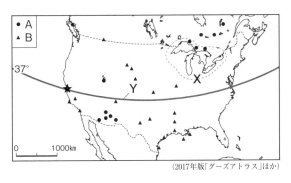

(2017年版「グーズアトラス」ほか)

(1) アメリカ合衆国で初めて工業が始まった地域があるXの湖をまとめて何といいますか。（　　　　　）

(2) 地図中にA・Bで分布を示した鉱産資源を，次からそれぞれ選びなさい。
A（　　　）B（　　　）

ア　鉄鉱石　　イ　金　　ウ　銀
エ　銅鉱石　　オ　石油

(3) 地図中のYで示した北緯37度より南に広がる，情報技術産業や航空宇宙産業が発達した地域は何とよばれていますか。

（　　　　　　　　　）

(4) 地図中の★には先端技術産業に関わる企業が集中しています。この地区を何といいますか。

（　　　　　　　　　）

(5) 世界各地に支社や子会社をもち，生産や販売を行っている企業を何といいますか。

（　　　　　　　　　）

**4** 右のグラフを見て，次の問いに答えなさい。

4点×8〔32点〕

(1) 右のグラフは，アメリカ合衆国の人口構成を示したものです。A〜Cにあてはまる語句を，次からそれぞれ選びなさい。
A（　　　）B（　　　）C（　　　）

ア　アジア系　　イ　アフリカ系　　ウ　先住民

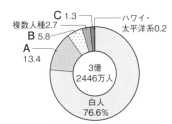

C 1.3
複数人種2.7
ハワイ・
太平洋系0.2
B 5.8
A 13.4
3億
2446万人
白人
76.6%

※総人口の18.1％がヒスパニック
(2017年 アメリカ合衆国国勢調査)

(2) アメリカ合衆国について，次の問いに答えなさい。

① メキシコなどからアメリカ合衆国に移り住んだ，スペイン語を話す人々を何といいますか。（　　　　　　）

② アメリカ合衆国で生まれた文化や生活様式にあてはまらないものを，次から選びなさい。（　　　）

ア　ロック　　イ　ファストフード　　ウ　サッカー　　エ　コンビニエンスストア

(3) カナダについて，次の文中のX〜Zにあてはまる語句を書きなさい。
X（　　　　　　　）Y（　　　　　　　）Z（　　　　　　　）

カナダの公用語はアメリカ合衆国で主に話されている（ X ）と，（ Y ）の2つであり，少数派の人々に対して，言語をはじめとする伝統，文化の共存を認める（ Z ）という政策がとられている。

ちょっとひといき　学習管理アプリ・タイマーなども活用してみよう！

## 第2章 世界の諸地域　5 南アメリカ州

満点ミッション

解答 p.7

テストに出る！ **ココが要点**

**❶アンデス山脈**
南アメリカ大陸の西部を南北に連なる山脈。

**❷熱帯雨林**
背の高い密林。

1 **南アメリカをながめて**　　教 p.108〜109

▷ 自然環境…北部の（**❶**　　　　　　　）から流れ出すアマゾン川流域には**セルバ**とよばれる（**❷**　　　　　　　），南部のラプラタ川流域には**パンパ**とよばれる草原地帯が広がる。

▷ 歩み…アンデス山脈の山岳地帯には，かつて**先住民**によって**インカ帝国**などが築かれた。

**❸メスチソ**
ヨーロッパ系と先住民の混血の人々。

**❹多文化社会**
さまざまな民族の文化が混ざり合う社会。

2 **多様な人々からなる社会**　　教 p.110〜111

▷ 公用語…かつて植民地支配されていたため，ブラジルはポルトガル語で，その他の多くの国はスペイン語。

▷ 多様な社会…**奴隷**として連れてこられたアフリカ系(黒人)やアジアなどからの**移民**などからなる。

▷ 人口構成…先住民，ヨーロッパ系，アフリカ系の人々，ヨーロッパ系と先住民との混血の（**❸**　　　　　　　）など。

● （**❹**　　　　　　　）…さまざまな文化が混ざり合う社会。

▷ 植民地時代…スペイン国王が移住者に**大土地所有**を認める。

**❺持続可能な開発**
将来世代の環境に配慮して，現在の開発を行うこと。

3 **アマゾン川流域の地域開発**　　教 p.112〜113

▷ 地域開発…ブラジルは第二次世界大戦後，国家計画としてアマゾン川流域の開発を開始→約5500kmのアマゾン横断道路を建設→広大な熱帯雨林を伐採→森林破壊や住宅の水没。

▷ 人口増加などから，（**❺**　　　　　　　）な開発が望まれる。

**❻レアメタル**
パソコンなどに欠かせない，埋蔵量の少ない金属のこと。

**❼モノカルチャー経済**
特定の鉱産資源や農産物の生産・輸出に頼る経済。

**❽バイオエタノール**
さとうきびなど植物からつくられるアルコール燃料。

**❾スラム**
治安や生活環境の悪い地区。

4 **南アメリカの経済成長と都市**　　教 p.114〜115

▷ 鉱産資源…チリの銅鉱石，ベネズエラの原油，ブラジルの鉄鉱石。重要な**希少金属**(（**❻**　　　　　　　））を産出する国も。

▷ （**❼**　　　　　　　）経済が問題となってきた。

● ベネズエラでは，輸出品のほとんどを原油が占めている。

▷ 農業の変化…コーヒーや綿花，小麦，だいずなどの輸出用農作物の栽培が盛ん。アルゼンチンの**パンパ**では小麦栽培や牛の放牧。ブラジルではかつてはコーヒーが輸出品の中心。現在はさとうきびを利用した（**❽**　　　　　　　）の生産が盛ん。

▷ ブラジル…経済成長をとげBRICSの一つに数えられる。

● 都市に（**❾**　　　　　　　）が形成され，深刻な課題もある。

テストに出る！
**予想問題**

**第2章 世界の諸地域　5　南アメリカ州**

⏱30分

/100点

**1** 右の地図を見て，次の問いに答えなさい。　　　　　8点×8〔64点〕

(1) 地図中の **A・B** の国名を書きなさい。

A（　　　　　　　）　B（　　　　　　　）

よく出る (2) 地図中の **X** の山脈，**Y** の河川の名前を書きなさい。

X（　　　　　　　）　Y（　　　　　　　）

(3) 地図中の★の地域にかつて先住民によって築かれた，高度な文明をもつ帝国を何といいますか。

（　　　　　　　　　　）

よく出る (4) 地図中の ▨ で示した国々の公用語を，次から選びなさい。　　　　　　　　　　　　　　　（　　　）

ア　スペイン語　　イ　ポルトガル語
ウ　フランス語　　エ　英語

(5) ヨーロッパ系と先住民との混血の人々は何とよばれていますか。

（　　　　　　　　）

(6) 地図中のリオデジャネイロでも見られる，治安や生活環境が悪い地区を何といいますか。

（　　　　　　　　）

リオデジャネイロ

0　　1000km

**2** 右のグラフを見て，次の問いに答えなさい。　　　　　6点×6〔36点〕

(1) グラフ中の **A～C** にあてはまる輸出品を，次からそれぞれ選びなさい。

A（　　　）
B（　　　）C（　　　）

ア　原油　　イ　鉄鉱石
ウ　銅　　　エ　天然ガス

チリ
その他 43.2
A 24.6%
606億ドル
銅鉱 21.2
野菜・果実 11.0
(2016年)

ボリビア
その他 46.7
B 28.9%
71億ドル
亜鉛鉱 13.9
金(非貨幣用)10.5

ベネズエラ
有機化合物 0.7
その他 1.7
石油製品 12.5
880億ドル
C 85.1%
(世界銀行資料ほか)

(2) ボリビアやベネズエラなどの国々でみられる，特定の鉱産資源などの生産・輸出に頼る経済を何といいますか。

（　　　　　　　　）

よく出る (3) ブラジルで生産が盛んな，さとうきびなどを原料としてつくられる燃料を何といいますか。

（　　　　　　　　）

(4) ブラジルは，1970年代以降経済成長をとげたことから，ロシア・インド・中国・南アフリカ共和国とともに，何とよばれていますか。アルファベットで書きなさい。

（　　　　　　　　）

# 第2編 世界のさまざまな地域

## 第2章 世界の諸地域　6　オセアニア州

**テストに出る！ ココが要点**　解答 p.8

### 1 オセアニアをながめて　教 p.120〜121

▷ 総人口…約4000万人ほど(2019年)で，世界の約0.5％。

▷ 気候…オーストラリア大陸は大部分が乾燥し，国土の約3分の2が草原や砂漠。太平洋の島々は湿潤な熱帯気候。

▷ 太平洋の島々…(**❶**　　　　　　　)，ポリネシア，ミクロネシアの三つの地域に区分。

● 火山によってできた島…面積が大きく地形が複雑。動植物や資源が豊か。

● (**❷**　　　　　　)によってできた島…風景は美しいが，水や資源にとぼしく，仕事の機会が限られる。

### 2 特色ある産業と国の成り立ち　教 p.122〜123

▷ オーストラリアの農業…輸出向けの牛や羊の牧畜。

▷ オーストラリアの鉱産資源…鉄鉱石，石炭，石油，金，銅，ボーキサイトなど。

▷ オーストラリアの輸出品…かつては(**❸**　　　　　　)や小麦，肉類などの農産物が中心。現在は鉱産資源が上位。

▷ 歴史…18世紀に**イギリス**から来た移民が牧畜業を発展させ，羊毛や肉類をヨーロッパに輸出。

▷ 先住民…オーストラリアの先住民は(**❹**　　　　　　)，ニュージーランドの先住民は(**❺**　　　　　　)。いずれも土地をうばわれたが，現在は保護されている。

### 3 他地域との関係を深める　教 p.124〜125

▷ (**❻**　　　　　　)…第二次世界大戦前までとられていたオーストラリアの外国人政策。1970年代に廃止。

▷ (**❼**　　　　　　)…さまざまな文化が共存できる社会を目ざし，国の方針に。

▷ オーストラリアの貿易相手国…かつてはイギリスなどヨーロッパの国々→戦後は**アメリカ合衆国**や**アジア**の国々が大きな割合。

▷ 観光地…オーストラリアにはウルル((**❽**　　　　　　))やグレートバリアリーフなど，豊かな自然。太平洋の島々は「楽園」としてヨーロッパに紹介。

### 満点★ミッション

**❶メラネシア**
太平洋の島々の一つで，「黒い島々」という意味。

**❷さんご礁**
さんごによってつくられた岩礁。

**❸羊毛**
羊からとれる毛。

**❹アボリジニ**
オーストラリアの先住民。

**❺マオリ**
ニュージーランドの先住民。

**❻白豪主義**
白人以外の移民をしめ出す政策。

**❼多文化主義**
さまざまな文化をたがいに尊重し，共存できる社会を目ざす。

**❽エアーズロック**
オーストラリア大陸にある世界で2番目に大きい一枚岩。

テストに出る！
**予想問題**　第2章 世界の諸地域　**6　オセアニア州**

⏱ 30分

/100点

**1** 右の地図を見て，次の問いに答えなさい。　　　　　　　　8点×8〔64点〕

(1) 地図中のA〜Cは，太平洋の島々の地域区分を示しています。それぞれの地域名を書きなさい。

A （　　　　　　　）

B （　　　　　　　）

C （　　　　　　　）

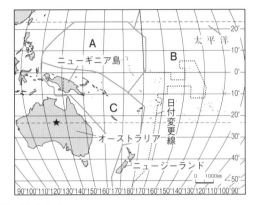

よく出る (2) 地図中に★で示した都市が属する気候帯を，次から選びなさい。　（　　　）

ア　熱帯　　イ　温帯　　ウ　乾燥帯

(3) 次の文中のX・Yにあてはまる語句をそれぞれ書きなさい。

X （　　　　　　　）　Y （　　　　　　　）

「太平洋に浮かぶオセアニア州の島々には，（ X ）のはたらきによってできた島と，（ Y ）が海面上に現れた島がある。」

(4) 18世紀末に，地図中のオーストラリアやニュージーランドにやってきたのは，どこの国からの移民ですか。　　　　　　　　　　　　（　　　　　　　）

よく出る (5) 地図中のオーストラリアの先住民を何といいますか。　　　（　　　　　　　）

**2** 右の地図を見て，次の問いに答えなさい。　　　　　　　　6点×6〔36点〕

よく出る (1) 地図中のA・Bの地域で行われている農牧業を，次からそれぞれ選びなさい。

A （　　）　B （　　）

ア　小麦の栽培　　イ　さとうきびの栽培

ウ　牧牛　　　　　エ　牧羊

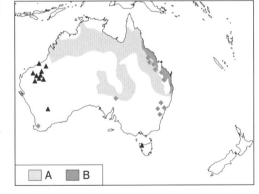

よく出る (2) 地図中の▲・◆の鉱産資源を，次からそれぞれ選びなさい。　▲（　　）◆（　　）

ア　石炭　　イ　鉄鉱石

ウ　石油　　エ　天然ガス

(3) 次の文中のX・Yにあてはまる語句を，それぞれ書きなさい。

X （　　　　　　　）　Y （　　　　　　　）

「オーストラリアでは，かつて白人以外の移民を制限する（ X ）とよばれる政策がとられていたが，現在はさまざまな文化の共存を目ざし，（ Y ）がかかげられている。」

ちょっとひといき　集中力が切れてきたら，思い切っていったん休憩しよう！

# 第3編 日本のさまざまな地域

## 第1章 地域調査の方法を学ぼう

**満点★ミッション**

❶地形図
地形や土地利用の様子がわかる地図。

❷野外観察ルート
野外観察をするための道順。

❸調査テーマ
調査の中心となることがら。

❹仮説
ある現象について，仮に立てた説。

❺調査計画書
調査を行うための計画を示したもの。

---

**テストに出る！ ココが要点**　　解答 p.8

**1 地域をながめて**　　教 p.134～135

▶ 野外観察…身近な地域の特色を明らかにするために，空からながめた写真や地図帳を見たり，学校の周りを観察したりする。

● (❶　　　　　　) を使って地形や土地利用の様子を読み取り，野外観察 (❷　　　　　　) を決めてから観察に行く。

▶ (❸　　　　　　) …野外観察をした結果，発見したことを整理した後，決定する。

▼調査テーマの例

| 自然・環境 | 川と地域 |
|---|---|
| 人口・都市 | 住宅の開発 |
| 歴史・文化 | 石碑や記念碑 |
| 産業 | 農業や工業 |
| 商業 | ショッピングモール |
| 交通 | 鉄道や道路 |

**2 調査の計画を立てる**　　教 p.136～137

▶ テーマごとの調査班

● カードへの書き出し…地図帳での読み取りや地域の野外観察で気づいたことをカードに書き出す。

● グループ分け…内容が似ているものを集めて分類する。

● 調査班…グループごとにつくり，調査を進める。

▶ 調査計画を立てる際のポイント

● 調べたいこと(テーマ)と，その目的を明確にする。

● テーマを解決するための (❹　　　　　　) を考え，確かめたいことを書き出す。

● 必要な資料や情報，方法などを考え，(❺　　　　　　) にまとめる。

▼調査の流れ

| ①野外観察をし，地域の情報を収集する。 |
|---|
| ②調査テーマを決定する。 |
| ③調査テーマごとに調べる。 |
| ④考察してまとめる。 |
| ⑤資料を作成する。 |
| ⑥調査結果を伝える。 |

## 3 地形図を使って調べる(1) 教 p.138〜139

▶ 地形図…(**❻** ) が発行している地図。

● 2万5千分の1地形図や5万分の1地形図など。

● 道路や鉄道，建物，施設などが (**❼** ) で表現されている。

| 土地利用 | 建物・施設 | (**❽** ) |
| --- | --- | --- |

| 土地利用 | 建物・施設 |
| --- | --- |
| `〃 〃` **❽** | ◎ 市役所 東京都の区役所 ⊕ 病院 |
| `V V V` 畑 | ○ 町・村役場 (指定都市の区役所) 卍 神社 |
| `o o o` **❾** | ⌣ 官公署 卍 寺院 |
| `Q Q Q` 広葉樹林 | ⊗ **❿** 凸 城跡 |
| `Λ Λ Λ` 針葉樹林 | Y **⓫** ∴ 史跡・名勝・ 天然記念物 |
| `ılıılı` 荒地 | ⊕ 郵便局 △ 三角点 |
|  | ☼ 工場 ◫ **⓬** |
|  | ☼ 発電所・変電所 血 博物館 |
|  | 文 小・中学校 ⌂ 老人ホーム |
|  | ⊗ 高等学校 |

(**❾** )

(**❿** )

(**⓫** )

(**⓬** )

▶ (**⓭** ) …実際の距離を縮めた割合のこと。異なると，表される地域の範囲や，表される地域の情報も変わってくる。

## 4 地形図を使って調べる(2) 教 p.140〜141

▶ (**⓮** ) …土地の高さ(標高)の等しい地点を結んだ線。間隔が狭く表されている場所は傾斜が急，広く表されている場所はゆるやかな地形を表している。

## 5 地域の防災について調べる 教 p.142〜143

▶ 現地での調査…あらかじめまとめた調査内容と調査方法に沿って，観察や (**⓯** ) を行う。

▶ 仮説の検証…調査でわかったことや集めた資料をもとに，仮説が正しいかどうか検証する。

## 6 調査の結果をまとめる/他の地域と比べる 教 p.144〜146

▶ 調査結果のまとめ

● 集めた資料や情報を整理し，地図やグラフ，図表に表す。

● 作成した資料を読み取り，他の資料と組み合わせたり，比較したりして分析する。

▶ 発表…調査活動の過程を文章にまとめ，発表する。

▶ 地域調査…他の地域と比べることで，身近な地域の特色をさらにとらえやすくなる。

---

満点★ミッション

**❻国土地理院**
国土交通省に属する政府機関。

**❼地図記号**
地形図で地形や建物，土地の利用状況を表示するための記号。

**❽田**
地図記号は稲を刈り取ったあとの形。

**❾果樹園**
地図記号はりんごなどの実を横から見た形。

**❿警察署**
地図記号は警棒を交差させた形。

**⓫消防署**
地図記号は昔の火を消す道具「さすまた」の形。

**⓬図書館**
地図記号は本の形。

**⓭縮尺**
実際の距離と，地形図上に縮小して表した距離との比のこと。

**⓮等高線**
海面からの高さが同じ地点を結んだ線。

**⓯聞き取り**
現地の人に実際に聞いて調査すること。

テストに出る！

**予想問題**　第1章 地域調査の方法を学ぼう

⏱30分

/100点

**1** 身近な地域の調査について，次の問いに答えなさい。 5点×4〔20点〕

(1) 次の①〜③は，調査テーマを問いの形で書き出したものです。これらはどの視点をもとに調べたらよいですか。あとからそれぞれ選びなさい。

①（　　）②（　　）③（　　）

① 地域の商店街はどのような過程をへて，現在のような姿になったのだろうか。
② 住宅が川より低いところに建てられているのはなぜだろうか。
③ 堤防の近くに石碑があるが，堤防と石碑にはどのような関係があるのだろうか。

ア　産業（工業）　　イ　歴史・文化　　ウ　自然・環境
エ　産業（商業）　　オ　人口・都市　　カ　交通

(2) 調査する場合に，書物を使って調べることを漢字4字で何といいますか。

（　　　　　　　）

**2** 次のA〜Fは地域調査の手順を示したものです。あとの問いに答えなさい。5点×4〔20点〕

A　野外観察を行い，地域の情報を集める。 → B　情報をもとに調査テーマを決める。 → C　テーマについて（　　）を立てて調べる。

D　テーマと（　　）を検証し，考察する。 → E　地図，表・グラフなどの資料をつくる。 → F　調査結果を発表する。

(1) Aの下線部の道順のことを何といいますか。 （　　　　　　　）

(2) Cの下線部について，次の文中の（　　）にあてはまる語句を書きなさい。

（　　　　　　　）

「聞き取り調査において調査票をつくる際，5W1Hを書き出しておくとよい。5W1Hとは，いつ，（　　），だれが，何を，なぜ，どのように，という6つの項目をさす。」

(3) C・Dの（　　）に共通してあてはまる語句を，漢字2字で書きなさい。

（　　　　　　　）

(4) Eの下線部について，市の人口の変化を表したい場合，どのようなグラフが適切ですか。次からすべて選びなさい。 （　　　　　　　）

ア　円グラフ　　イ　棒グラフ　　ウ　折れ線グラフ

**3** 次の地形図を見て，あとの問いに答えなさい。　　　　　　5点×12〔60点〕

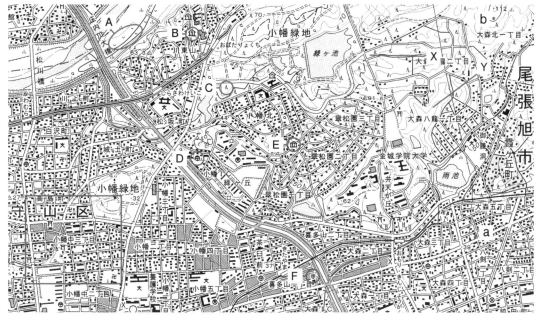

（2万5千分の1地形図「名古屋北部　2008年発行」）

(1) 地形図を発行している国の機関を何といいますか。

（　　　　　　）

(2) 次の文中の（　　）にあてはまる語句を書きなさい。　　　　（　　　　　　）

> この地形図の（　　）は2万5千分の1である。

(3) 地形図中のA〜Fの地図記号が表すものを，□□からそれぞれ選びなさい。

A（　　　　　　）　B（　　　　　　）　C（　　　　　　）

D（　　　　　　）　E（　　　　　　）　F（　　　　　　）

> 老人ホーム　　畑　　針葉樹林　　郵便局　　博物館　　消防署　　広葉樹林　　病院

(4) 地形図中のXとYのうち，傾斜がより急なのはどちらですか。　　（　　）

(5) 地形図中の「おおもり」駅から「雨池」までは，直線距離で2cmです。実際の距離は何mですか。　　（　　　　　　）

(6) この地形図から読み取れることとして正しいものを，次から2つ選びなさい。

（　　）（　　）

ア　「緑ヶ池」から見て南東に「雨池」がある。

イ　aとbのうち，標高がより高いのはaである。

ウ　□□で囲まれた範囲には，寺院よりも神社が多く見られる。

エ　「小幡緑地」には，果樹園が広がっている。

ちょっとひといき　よく出る地図記号は，形と意味をしっかり覚えよう！

## 第2章 日本の特色と地域区分①

 満点★ミッション

❶地域区分
世界や国，都道府県などについて，まとまりのある地域に分けること。

❷買い物圏
特定の地域の人々が買い物に行く範囲。

❸都市圏
都市間で結びつきが深い地域。

❹首都圏
東京との結びつきが強い地域。

❺西日本
日本を二つに分けた場合の，西側の地域。

❻九州
日本を七つに分けた場合，最も南に位置する地方。

❼環太平洋造山帯
太平洋を取り巻く，高くけわしい山脈が連なる造山帯。

❽アルプス・ヒマラヤ造山帯
ユーラシア大陸南部の高くけわしい山脈が連なる造山帯。

❾平野
低く平らな広い地形のこと。

---

テストに出る！ **ココが要点**　解答 p.9

**1** 地域区分をしてみよう　教 p.148〜149

▶ （❶　　　　　　　　）…世界や国，日本の都道府県について，共通性や関連性に注目して分けること。
- 人口の集中する地域，<u>通勤・通学圏</u>，買い物に行く<u>範囲</u>
  （（❷　　　　　　　　））などに区分すると地域の特色がわかる。
- 餅の形…東日本では主に四角い形，西日本では主に丸い形。
- 鉄道会社や気象庁などによる地域区分もある。

▶ （❸　　　　　　　　）…札幌・東京・名古屋・大阪・福岡など，都市間を人々が移動し，つながりや結びつきが深い地域。
- 中部地方の<u>山梨県</u>…東京との結びつきが強いことから，（❹　　　　　　　　）として区分。

▶ 日本の地域区分
- 二つ…東日本，（❺　　　　　　　　）
- 三つ…東北日本，中央日本，西南日本
- 七つ…北海道，東北，関東，中部，近畿，中国・四国，（❻　　　　　　　　）

**2** 変動する大地，安定した大地　教 150〜151

▶ <u>造山帯</u>…地震や火山活動など，大地の動きが活発な地域。
- （❼　　　　　　　）…太平洋を取り巻くように連なる造山帯。日本はこの中に位置する。北アメリカ大陸のロッキー山脈や南アメリカ大陸のアンデス山脈。

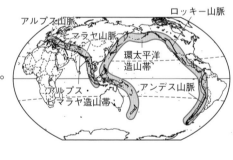

- （❽　　　　　　　）…アルプス山脈やヒマラヤ山脈を通り，インドネシアへ続く造山帯。
- 山の侵食によって生じた土砂を川が運ぶため，土砂が堆積した（❾　　　　　　　）がつくられる。

▶ 安定した大陸…ユーラシア大陸，南・北アメリカ大陸の一部，オーストラリア大陸，アフリカ大陸など。平地や低い山地が広がる。

**3** **変化に富む日本列島の地形（1）** 教 p.152〜153

▶ 日本の国土…4分の3が山地や丘陵。富士山などの**火山**が多い。

● (**⑩** 　　　　　　　)…**木曽**, **飛騨**, **赤石**の三つの山脈の総称。

● (**⑪** 　　　　　　　)…日本列島の中央部にあたる「大きく陥没した場所」。

▶ 日本の海岸線…すべて合わせると地球を一周する距離の約8割。

● **岩石海岸**…岩の多い切り立った崖が続く海岸地形。

● **砂浜海岸**…平野沿いに広がる海岸地形。**砂丘**もみられる。

● **干潟**…砂や泥でできた浅瀬。潮の満ち引きの大きな湾にある。

● (**⑫** 　　　　　　　)…入り江と岬が複雑に入り組む。

● 水温が温かい地域の浅瀬…**さんご礁**が島の周りを取り囲む。

▶ 日本をとりまく海

● 海…**太平洋**, **東シナ海**, **日本海**, **オホーツク海**に囲まれる。本州と四国・九州の間には (**⑬** 　　　　　　　)。

● 海底…水深約200mまでの (**⑭** 　　　　　　　) が広がり, 水深8000mほどの**海溝**へとつながる。

● 海流…太平洋では, 東北地方の沖合で寒流の**親潮**(**千島海流**)と暖流の (**⑮** 　　　　　　　) (**日本海流**)がぶつかる。日本海では寒流の**リマン海流**と暖流の**対馬海流**がぶつかる→**潮目**(**潮境**)

**4** **変化に富む日本列島の地形（2）** 教 p.154〜155

▶ 日本の川…世界の川と比べて, 長さが短く傾斜が急。

● **平野**…海沿いに広がる低地。

● (**⑯** 　　　　　　　)…周囲が山に囲まれた地形。

▶ 平野の地形

● (**⑰** 　　　　　　　)…川が山地から平野などに流れ出るところにつくられる地形。水はけがよく, 古くは桑畑, 現在は果樹園に利用。

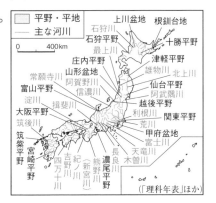

```
□ 平野・平地
― 主な河川
0    400km
上川盆地    根釧台地
石狩川
石狩平野    十勝平野
最上川
庄内平野    津軽平野
山形盆地    雄物川    北上川
常願寺川    阿賀野川    仙台平野
富山平野    信濃川    阿武隈川
淀川        越後平野
揖斐川      利根川    関東平野
大阪平野    荒川
筑後川      甲府盆地    富士川
筑紫平野    吉野川    天竜川
宮崎平野    紀ノ川(新宮川)    木曽川
四万十川    熊野川    濃尾平野
（「理科年表」ほか）
```

● (**⑱** 　　　　　　　)…川が海や湖に流れ出るところにつくられる地形。水田などに利用され, 大都市となるところもある。

● **台地**…海岸沿いの低い土地より一段と高いところにある平地。水が得にくいため, 住宅地や畑などに利用。

満点☆ミッション

**⑩日本アルプス**
日本列島の中央にある三つの山脈の総称。

**⑪フォッサマグナ**
日本列島の中央部にある大きな溝。

**⑫リアス海岸**
切り込みの深い湾と岬が連続する複雑な海岸。

**⑬瀬戸内海**
本州と四国・九州の間にある海。

**⑭大陸棚**
水深約200mまでの平たんな海底。

**⑮黒潮**
日本列島の太平洋側を流れる暖流。

**⑯盆地**
周りを山に囲まれた, 低くくぼんだ平地。

**⑰扇状地**
川が山地から平地に流れ出るところにできる地形。

**⑱三角州**
川が海などに流れ出るところにできる地形。

# 予想問題　第2章 日本の特色と地域区分①

⏱30分

/100点

**1** 右の地図を見て，次の問いに答えなさい。　4点×7〔28点〕

凡例：
- ■ 角型（四角い餅）
- ● 丸型（丸い餅）
- □ データなし

山梨県

0　300km

（石川寛子『地域と食文化』）

(1) 右の地図は，何によって地域区分したものですか。次から選びなさい。　（　　　）

　ア　気候　　イ　行政　　ウ　文化

(2) 次の文中のX・Yにあてはまる語句を，地図中から選びなさい。

　　　　X（　　　　　　　）

　　　　Y（　　　　　　　）

　「雑煮に入れる餅の形は，東日本では（ X ），西日本では（ Y ）が多く見られる。」

(3) 日本を三つに区分した場合，どのように分けられますか。三つとも書きなさい。

　（　　　　　　）（　　　　　　　）（　　　　　　　）

(4) 地図中の山梨県は，東京との結びつきが強いことから，何圏として区分されていますか。

　　　　　　　　　　　　　　　　　　　　（　　　　　　　　）

**2** 右の地図を見て，次の問いに答えなさい。　4点×7〔28点〕

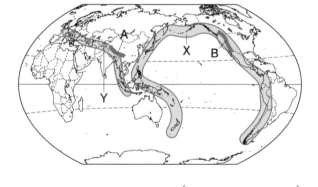

よく出る (1) 地図中のX・Yの造山帯名をそれぞれ書きなさい。

　　　　X（　　　　　　　）

　　　　Y（　　　　　　　）

(2) 日本列島は，X・Yどちらの造山帯に属していますか。　（　　　）

(3) X・Yの造山帯では，大地の動きが活発なことから，火山の噴火のほかに，どのような災害が起こりやすいですか。　（　　　　　　　　）

よく出る (4) 地図中のA・Bの山脈を，次からそれぞれ選びなさい。　A（　　　）　B（　　　）

　ア　アンデス山脈　　イ　ヒマラヤ山脈

　ウ　アルプス山脈　　エ　ロッキー山脈

(5) 次の文中の（　　）にあてはまる語句を書きなさい。　（　　　　　　　）

　「造山帯では山の侵食が盛んである。そこで生じた土砂を川が運ぶことで，土地が平たんな（　　　）がつくられる。」

**3** 右の地図を見て，次の問いに答えなさい。 4点×6〔24点〕

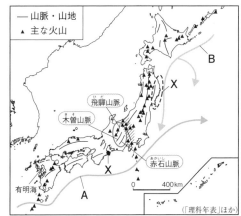

—— 山脈・山地
▲ 主な火山

飛騨山脈
木曽山脈
赤石山脈
有明海

0　　400km

（「理科年表」ほか）

(1) 地図中の◯で囲んだ3つの山脈は，まとめて何とよばれていますか。

（　　　　　　　　　）

(2) 地図中の▨は日本列島ができる時に陥没した場所を示しています。この地域を何といいますか。

（　　　　　　　　　）

(3) 地図中のXに共通してみられる，深い湾と岬が連続する複雑な海岸を何といいますか。

（　　　　　　　　　）

(4) 地図中の有明海のように潮の満ち引きの大きな湾でみられる，砂や泥でできた平たんな地形を何といいますか。

（　　　　　　　　　）

(5) 地図中のA・Bの海流を，次からそれぞれ選びなさい。 A（　　）B（　　）

ア 黒潮（日本海流）　　イ 対馬海流
ウ 親潮（千島海流）　　エ リマン海流

**4** 右の資料を見て，次の問いに答えなさい。 4点×5〔20点〕

▼資料1

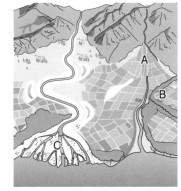

(1) 次の文は，資料1中のA～Cについて説明したものです。それぞれ何といいますか。

A（　　　　　　　）B（　　　　　　　）
C（　　　　　　　）

A 川が山地から平野などに流れ出るところにつくられる地形。

B 海岸沿いの低い土地より一段高いところに位置する平地。

C 川が海や湖に流れ出るところにつくられる地形。

(2) 資料1中のAは，主にどのように利用されていますか。次から選びなさい。

（　　）

ア 畑　　イ 果樹園　　ウ 住宅地

▼資料2

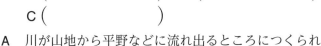

標高
1000 m
800　富士川
600　吉野川
400　　信濃川　　ローヌ川
200
0
0　　200　　400　　600　　800　　1000
河口からの距離 km

常願寺川
木曽川
コロラド川
セーヌ川
メコン川

(3) 資料2を見て，世界の川と比べた日本の川の特徴を，簡単に書きなさい。

（　　　　　　　　　　　　　　　　　　　　）

## 第2章 日本の特色と地域区分②

テストに出る！ ココが要点 解答 p.10

**満点★ミッション**

**❶季節風**
夏と冬で吹く向きが異なる風。

**❷太平洋側の気候**
九州南部〜四国の太平洋側〜本州の太平洋側に分布する気候。

**❸梅雨**
5月から7月にかけて雨の日が続く時期。

**❹台風**
熱帯地方で発生した低気圧が発達。

**❺津波**
地震によって引き起こされる高い波。

**❻東日本大震災**
2011年3月11日に東北地方で発生した地震による被害。

**❼活断層**
過去にくり返し地震が発生し，今後も活動すると考えられる断層。

**❽ハザードマップ**
災害の被害予測や避難場所を記した地図。

**❾公助**
国や都道府県などが行う防災の取り組み。

### 1 四季のある気候
教 p.156〜157

▶ 日本の気候…日本列島は南北に長く，(❶　　　　　　　)（モンスーン）の影響を受けるため，多様な気候。

● 日本の大部分は温帯に属し，南西諸島は熱帯に近く，東北地方の一部と北海道は冷帯（亜寒帯）。

▶ 主な気候区分

● 日本海側の気候…冬に降水量が多い。

● (❷　　　　　　　)…冬は乾燥し，晴天が多い。

● 瀬戸内の気候…一年を通して降水量が少なく乾燥して暖かい。

● 内陸の気候…降水量が少なく，冬は冷え込む。

● 北海道の気候…夏は短く，冬は寒さが厳しい。

● 南西諸島の気候…一年を通して降水量が多く，冬でも温暖。

▶ (❸　　　　　　　)…5月から7月にかけて降水量が多い時期。

▶ (❹　　　　　　　)…日本の南方の熱帯地方で発生した低気圧が発達したもの。強い風雨をともなって日本列島をおそう。

### 2 自然災害に向き合う
教 p.158〜159

▶ 日本列島では，地震や火山の活動で大きな被害が起こる。

● (❺　　　　　　　)…大きな地震が海底で起こった場合に発生。2011年の(❻　　　　　　　)で海岸部に大きな被害。

● (❼　　　　　　　)…過去にくり返し活動がみられる断層。1995年の阪神・淡路大震災で，住宅の倒壊や火災などの被害。

● 火山の噴火…溶岩や火山灰が噴き出し，火砕流が生じる。

▶ 気象災害…梅雨や台風による大雨により土砂災害や水害が発生。山沿いでは崖崩れや土石流，川の中流・下流では洪水による浸水被害。

### 3 災害から身を守るために
教 p.160〜161

▶ (❽　　　　　　　)…県や市町村が作成する災害時の被害予測を示した地図。減災の考え方に基づき作成。

▶ 自然災害から身を守るため，国や都道府県などの防災の取り組み((❾　　　　　　　))のほか，共助（同じ地域に住む人々で助け合うこと）や自助（自分の身は自分自身で守る）が必要。

## 予想問題 第2章 日本の特色と地域区分②

テストに出る！

⏱30分

/100点

**1** 右の地図を見て，次の問いに答えなさい。

9点×7〔63点〕

(1) 日本の気候に影響を与える，地図中の ➡ の風を何といいますか。　（　　　　　　）

(2) 夏に吹く(1)の向きは，**X・Y**のどちらですか。　（　　　　　）

(3) 次の①～④の気候の特色がみられる地域を，地図中の**ア～カ**からそれぞれ選びなさい。

①（　　　）　②（　　　）
③（　　　）　④（　　　）

① 雨が少なく，冬は冷え込む。

② 夏に降水量が多く，冬は乾燥する。

③ 冷帯に属し，冬の寒さがきびしい。

④ 冬に雨や雪が多く降る。

(4) 日本の大部分の地域でみられる，5月から7月にかけて続く降水量が多い時期を何といいますか。　（　　　　　　　）

**2** 次の文を読んで，あとの問いに答えなさい。

(1)7点，他6点×5〔37点〕

> 日本列島では，a地震やb火山の活動によって大きな被害が起こる場合がある。災害の被害をおさえるために，県や市町村などでは災害予測を示した（　**A**　）を作成している。また，c災害から身を守るための取り組みも大切である。

(1) 下線部aについて，2011年に発生した東北地方太平洋沖地震で，海面が上昇したことにより大きな被害がありました。この現象を何といいますか。　（　　　　　　　）

(2) 下線部bについて，火山の噴火で発生するものを，次から選びなさい。　（　　　）

ア 土石流　　イ 洪水　　ウ 火砕流

(3) **A**にあてはまる語句を書きなさい。　（　　　　　　　）

(4) 下線部cについて，次の①～③にあてはまる語句を，それぞれ漢字2字で書きなさい。

①（　　　　　）　②（　　　　　）　③（　　　　　）

① 国や都道府県の防災の取り組み。

② 自分自身の身は自分で守ること。

③ 同じ地域に暮らす人々が助け合うこと。

## 第2章 日本の特色と地域区分③

満点★ミッション

❶**人口爆発**
発展途上国でみられる急速な人口増加。

❷**老年人口**
65歳以上の人口。

❸**年少人口**
15歳未満の人口。

❹**ワーク・ライフ・バランス**
仕事と生活の調和を図ること。

❺**三大都市圏**
東京圏，大阪圏，名古屋圏を合わせたもの。

❻**地方中枢都市**
各地方の中心となる都市。

❼**過疎**
著しく人口が減少すること。

❽**過密**
著しく人口が集中すること。

❾**ドーナツ化現象**
都心部の夜間人口が減少し，郊外の夜間人口が増加する現象。

---

テストに出る！ **ココが要点** 解答 **p.11**

**1 変化する人口** 教 p.162～163

▶ 日本の人口…約1億2600万人(2019年)。

● 出生数は二度の「ベビーブーム」の時期に増加後，減少傾向。

● 世界の中でも少子高齢化が進み，人口は減少している。

▶ 世界の人口…増加を続ける。

● (❶　　　　　　　)…急速に人口が増加すること。発展途上国での死亡率の急激な低下による。

▶ 日本の人口の特色

● 高齢化…人口に占める高齢者の割合が増えること。

　◇ 現在，65歳以上の(❷　　　　　　　)の割合が25％以上。

　◇ 社会保障面で支出増加→若い世代への負担が重くなる。

● 少子化…(❸　　　　　　　)の割合が低下すること。

　◇ 生産年齢人口の減少→労働力不足が生じるおそれ。

● 社会的な課題…保育施設の不足解消や，働き過ぎをなくして(❹　　　　　　　)を図ること。

**2 人口分布のかたよりがもたらす問題** 教 p.164～165

▶ (❺　　　　　　　)…東京，大阪，名古屋それぞれを中心とする地域。日本の総人口の半数を占める。

▼三大都市圏への人口集中

| 総人口 1億2617万人 | 東京圏29.1 | 大阪圏14.4 | 名古屋圏9.0 | その他47.5 |

東京圏：東京都，埼玉県，千葉県，神奈川県
大阪圏：大阪府，京都府，兵庫県，奈良県
名古屋圏：愛知県，岐阜県，三重県
(2019年10月1日現在　総務省資料)

▶ (❻　　　　　　　)…札幌，仙台，広島，福岡など。

▶ (❼　　　　　　　)地域…学校の統廃合や公共交通機関の廃止などにより，地域社会の維持が困難になっている。

▶ (❽　　　　　　　)地域…住宅不足や交通渋滞，ごみ処理などの問題が発生。

● ニュータウン…大都市の郊外に形成された新興住宅街。現在，高齢化が進んでいる。

● (❾　　　　　　　)…夜間人口が減る現象。都心でみられる。

● コンパクトシティ…都市機能を中心部に集中させた，効率的な都市。人口減少社会が進む中で，都市部でも実現を目ざす。

**3 輸入に頼る資源・エネルギー** 教 p.166〜167

▶ 資源

- 化石燃料…原油や石炭，天然ガスなど。多くを輸入に頼る。
- 新しい鉱産資源…シェールガス，メタンハイドレートなど。
- 資源・エネルギーの生産や消費の増加にともない二酸化炭素が大量に発生し，(⑩　　　　　　) が進む。環境保全と経済発展を両立させる (⑪　　　　　　) の実現が課題。

▶ 発電…エネルギーを電力にして利用。

- かつては水力発電中心→需要増加により (⑫　　　　　　) が増加。
- 1970年代の石油危機を機に原子力発電も増加。東日本大震災での原発事故を受け，一時は国内すべての発電所が運転を停止。
- (⑬　　　　　　) …太陽光，風力，バイオマスなど。

**4 日本の産業活動と立地** 教 p.168〜169

▶ 第一次産業…農林水産業など。貿易の自由化が進むと経営は厳しくなる。働く人の減少や高齢化，後継者不足も課題。

▶ 第二次産業…主に工業。日本の工業は (⑭　　　　　　) に集中。貿易摩擦を避けるために海外で生産する企業が増える産業の空洞化が課題。

**工業出荷額の割合**

その他 23.9／北九州 3.1／中京 18.1%／京浜 12.3／阪神 10.3／瀬戸内 9.5／北関東 9.5／東海 5.3／北陸 4.2／京葉 3.8
305兆円 (2016年)
『工業統計表』

北陸工業地域／北関東工業地域／京葉工業地域／京浜工業地帯／東海工業地域／中京工業地帯／阪神工業地帯／瀬戸内工業地域／北九州工業地域

太平洋ベルト

▶ 第三次産業…運送業，商業，情報通信業，サービス業など。就業者の7割を占め，東京に (⑮　　　　　　)。

**5 交通・通信による結びつき** 教 p.170〜171

▶ 日本と世界…航空交通や海上交通で結びつく。

- (⑯　　　　　　) …多くの路線が乗り入れる空港。羽田空港や成田空港が，仁川空港などと競う。

▶ 高速交通網…移動時間が大幅に短縮。東北地方や九州地方では高速道路のインターチェンジ近くに (⑰　　　　　　) が形成。

▶ 情報通信…インターネットなどの (⑱　　　　　　) (ICT) の発達により活発。海外とは海底通信ケーブルや通信衛星を利用。

**満点★ミッション**

⑩ 地球温暖化　地球全体の温度が上昇する現象。
⑪ 持続可能な社会　環境保全と経済発展を両立させる社会。
⑫ 火力発電　石炭・石油・天然ガスなどを燃やした熱を利用する発電方法。
⑬ 再生可能エネルギー　くり返し利用可能なエネルギー。
⑭ 太平洋ベルト　工業地帯・地域が帯状に連なる地域。
⑮ 一極集中　一つの都市に政治・経済・文化などの機能が集まること。
⑯ ハブ空港　乗り継ぎの中心的な役割をもつ空港。
⑰ 工業団地　県などが工場を誘致するためにつくった地区。
⑱ 情報通信技術　情報の処理や通信にかかわる技術の総称。

テストに出る！

## 予想問題　第2章 日本の特色と地域区分③

🕐30分

/100点

① 次の問いに答えなさい。　　　　　　　　　　　　　　4点×6〔24点〕

(1) 発展途上国などでみられる，人口
が急激に増加する現象を何といいま
すか。　　　（　　　　　　）

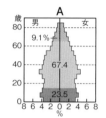 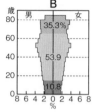 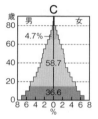

(2) 右のA〜Cは，日本の1930年，
1980年，2040年(推計)のいずれかの
年齢別・男女別人口構成を示しています。これについて，次の問いに答えなさい。

① このようなグラフを何といいますか。　　　　　　　　（　　　　　　　　）

よく出る ② A〜Cを年代の古いものから順に並べかえなさい。（　　→　　→　　）

(3) 人口が大幅に増えた，札幌，仙台，広島などの各地方の中心となる都市を何といいます
か。　　　　　　　　　　　　　　　　　　　　　　　（　　　　　　　　）

よく出る (4) 人口が著しく集中した状態を何といいますか。また，これによって起こる問題にあては
まらないものを，次から選びなさい。　　　語句（　　　　　　）記号（　　）

ア 住宅の不足　　イ 学校の統廃合
ウ 道路の渋滞　　エ 騒音の発生

② 右の資料を見て，次の問いに答えなさい。　　　　　　　4点×6〔24点〕

(1) 資料1は日本が輸入している資源の輸
入先を示したものです。A・Bにあては
まる資源を，次からそれぞれ選びなさい。

A（　　）B（　　）

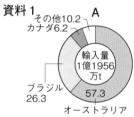

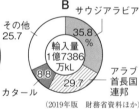

（2019年版 財務省資料ほか）

ア 原油　　イ 石炭
ウ 銅　　　エ 鉄鉱石

よく出る (2) 資料2は，日本の主な発電所の分布を示していま
す。X〜Zにあてはまる発電所を，次からそれぞれ選
びなさい。　X（　　）Y（　　）Z（　　）

ア 火力発電所　　イ 水力発電所
ウ 原子力発電所

(3) 太陽光や風力，太陽熱，地熱など，自然界に存
在し，くり返し使うことができるエネルギーを何
といいますか。　　　（　　　　　　）

　　ちょっとひといき　選択肢で迷ったら，消去法で考えてみよう！

**3** 右の地図を見て，次の問いに答えなさい。　　3点×12〔36点〕

(1) 地図中のA〜Dの工業地帯・地域の名前を
書きなさい。　　　A (　　　　　　　)

　　　　　　　　　B (　　　　　　　)

　　　　　　　　　C (　　　　　　　)

　　　　　　　　　D (　　　　　　　)

よく出る (2) 地図中のA〜Dのうち，出荷額が最も多い
工業地帯・地域を選びなさい。　　(　　　)

よく出る (3) 工業地帯・地域が連なっている，地図中に
━━で示した地域を何といいますか。

　　　　　　　(　　　　　　　　　)

記述 (4) 工業地帯・地域が(3)に集中している理由を，「原料」「製品」という語句を用いて書きな
さい。

　　(　　　　　　　　　　　　　　　　　　　　　　　　　　　　　　)

(5) 次の文中のX・Yにあてはまる語句を書きなさい。

　　　　　　　　　　　X (　　　　　　　) Y (　　　　　　　)

「貿易を行う二国間で起きるさまざまな問題を( X )といい，これを避けるために，海外
で生産する企業が増えた。その結果，国内の工業が衰退する( Y )が起こっている。」

(6) 次の①〜③にあてはまる産業を，あとからそれぞれ選びなさい。

　　　　　　　　　　　①(　　) ②(　　) ③(　　)

①小売業　　②林業　　③製造業

　ア　第一次産業　　イ　第二次産業　　ウ　第三次産業

**4** 右のグラフを見て，次の問いに答えなさい。　　4点×4〔16点〕

(1) 空港の中でも，特に航空機どうしの乗り継ぎの中心的
な役割をもつ空港を何といいますか。

　　　　　　　　　　(　　　　　　　　)

(2) 右のグラフは，国内の貨物輸送量の変化を示したもの
です。グラフ中のA・Bにあてはまる輸送手段を，次か
らそれぞれ選びなさい。

　　　　　　　　　A (　　) B (　　)

　ア　鉄道　　イ　自動車　　ウ　船舶

(3) 東北地方や九州地方の高速道路のインターチェンジや空港付近に造られるようになった，
工場を計画的に集めた地域を何といいますか。　　　　　　(　　　　　　　　)

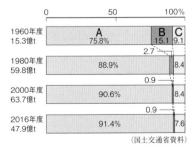

（国土交通省資料）

# 第3編 日本のさまざまな地域

## 第3章 日本の諸地域　1　九州地方

**テストに出る！ ココが要点** 　　解答 p.12

### 1 多様な自然がみられる地域　　教 p.176〜177

▷ 阿蘇山…巨大な（ **❶**　　　　　　　　　）がみられる火山。北側に筑紫山地，南側には九州山地。筑後川，白川が流れる。

▷ 気候…暖流の黒潮（日本海流）と対馬海流の影響で冬でも温暖。南部や南西諸島は多くの**台風**が接近。

▷ 屋久島…高低差が大きいことから多様な自然がみられ，1993年に（ **❷**　　　　　　　）に登録。

### 2 火山とともに暮らす　　教 p.178〜179

▷ 活火山…1990年に雲仙岳，2011年に霧島山の新燃岳が噴火。

▷ 火山の利用…**カルデラ**などの観光資源，**温泉**，**地熱発電**など。

▷ （ **❸**　　　　　　　）…火山灰などが堆積した台地。崖は大雨が降ると崩れやすく，土砂災害を引き起こすことも。

● 災害を防ぐため，<u>ハザードマップ</u>や防災ガイドブックを作成。

### 3 特色ある自然と多様な農業　　教 p.180〜181

▷ 宮崎平野…（ **❹**　　　　　　　）が盛ん。

● 冬にきゅうりやピーマン，温室マンゴーなどを出荷。

▷ 鹿児島県・宮崎県・熊本県…（ **❺**　　　　　　　）が盛ん。

● 肉用牛，豚，肉用若鶏などの飼育数は全国有数。

● （ **❻**　　　　　　　）商品…みやざき地頭鶏，さつま地鶏など。

### 4 工業の移り変わりと環境保全　　教 p.182〜183

▷ <u>官営八幡製鉄所</u>…1901年に生産開始→重化学工業が盛んに。

▷ <u>北九州工業地域</u>…1960年代に（ **❼**　　　　　　　）が進んだことなどから，地位が低下。

▷ 熊本市…1960年代に（ **❽**　　　　　　　）（<u>IC</u>）工場が進出。

▷ 苅田港，宮若市，中津市…1970年代以降，<u>自動車</u>工場が進出。

### 5 さんご礁の海を守る　　教 p.184〜185

▷ <u>さんご礁</u>…さんごが集まってつくられる地形。沖縄県は，これらを見ながらダイビングを楽しむ観光地としても人気がある。

▷ （ **❾**　　　　　　　）…かつて沖縄県にあった，独自の文化をもった王国。

▷ 日本にある米軍基地の面積の**4分の3**が沖縄県に集中。

---

**満点★ミッション**

**❶カルデラ**
火山の活動によってできた，くぼ地。

**❷世界遺産**
世界遺産条約に基づき登録される，保護すべき貴重な遺産。

**❸シラス台地**
火山灰が積もってできた台地。

**❹施設園芸**
ビニールハウスなどを利用し栽培する農業。

**❺畜産**
牛や豚などの家畜を飼い，肉や卵などを生産する産業。

**❻地域ブランド**
特定の地域で生産される農畜産物。高い価格で取り引きされる。

**❼エネルギー革命**
エネルギー源が石炭から石油へ変わったこと。

**❽集積回路**
超小型の電子回路。

**❾琉球王国**
かつて沖縄県に栄えていた王国。

解答 p.12

テストに出る！

## 予想問題　第3章 日本の諸地域　1九州地方

⏰30分

／100点

**1** 右の地図を見て，次の問いに答えなさい。

8点×8〔64点〕

(1) 地図中のXの山地，Yの河川の名前を書きなさい。

X（　　　　　　　） Y（　　　　　　　）

よく出る (2) 地図中の★の山には，火山活動によってできた，大きく陥没した地形がみられます。この地形をカタカナで何といいますか。　　　　（　　　　　　　）

よく出る (3) 地図中の▨▨▨に広がる，火山灰が積もってできた台地を何といいますか。　　　　（　　　　　　　）

(4) 地図中のZが示す，世界遺産に登録されている島を何といいますか。　　　　（　　　　　　　）

(5) 次の①・②にあてはまる県を，地図中のA～Eからそれぞれ選びなさい。　①（　　） ②（　　）

① 別府温泉や由布院温泉がある。　② 第二次世界大戦前，造船業が発達していた。

(6) 沖縄県にある米軍基地は，日本にある米軍基地の面積のどれぐらいを占めていますか。次から選びなさい。　　　　（　　　　）

ア　4分の1　　イ　2分の1　　ウ　3分の2　　エ　4分の3

**2** 次の問いに答えなさい。

6点×6〔36点〕

(1) 右のグラフは，都道府県別の家畜の飼育頭数の割合を示しています。A～Cにあてはまる家畜を，次から選びなさい。

A（　　　）
B（　　　） C（　　　）

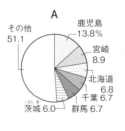

A
その他 51.1 / 鹿児島 13.8% / 宮崎 8.9 / 北海道 6.8 / 千葉 6.7 / 群馬 6.7 / 茨城 6.0

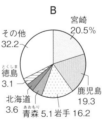

B
その他 32.2 / 宮崎 20.5% / 鹿児島 19.3 / 岩手 16.2 / 青森 5.1 / 北海道 3.6 / 徳島 3.1

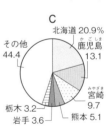

C
その他 44.4 / 北海道 20.9% / 鹿児島 13.1 / 宮崎 9.7 / 熊本 5.1 / 岩手 3.6 / 栃木 3.2

(2018年2月1日現在　農林水産省資料)

ア　肉用牛　　イ　肉用若鶏　　ウ　乳用牛　　エ　豚

(2) 宮崎県の代表的農産物を，次から選びなさい。　　　　（　　　）

ア　ねぎ　　イ　キャベツ　　ウ　さつまいも　　エ　ピーマン

よく出る (3) 次の文中のX・Yにあてはまる語句を，それぞれ書きなさい。

X（　　　　　　　） Y（　　　　　　　）

「北九州工業地域では（ X ）工業が発達したが，エネルギー源が石炭から（ Y ）へと変わるエネルギー革命が進んだことなどから，全国における地位は低下していった。」

ちょっとひといき　教科書の地図やグラフはテストに出やすい！ 何がわかる資料か確かめておこう！

## 第3章 日本の諸地域　2 中国・四国地方

満点★ミッション

テストに出る！　ココが要点　解答 p.12

### 1 人口分布のかたよる地域　教 p.190〜191

▷ 瀬戸内海を挟み，南側に四国地方，北側に中国地方。

● 日本海側の（**❶**　　　　　　　　），瀬戸内地方，太平洋側の南四国地方の三つに分けられる。

▷ 瀬戸内海…近畿地方と九州地方を結ぶ海路。港町が発達。

▷ 太平洋側，瀬戸内，日本海側の三つの気候。

### 2 中国・四国地方の中心　広島市　教 p.192〜193

▷ 広島市…三角州を干拓し，城下町として発展。

● 1945年8月6日に（**❷**　　　　　　　　）が投下される。

● （**❸**　　　　　　　　）に指定され，地方中枢都市でもある。

● 都市化が進み，ごみ処理場や交通渋滞などさまざまな問題。

● 原爆ドーム…1996年に世界文化遺産に登録。

### 3 人口減少と地域の悩み　教 p.194〜195

▷ 中国山地の農村…高齢化や（**❹**　　　　　　　　）が進む。

● 学校の統廃合，農林業で働く人の減少による耕作放棄地拡大。

▷ 平成の（**❺**　　　　　　　　）…財政の負担を減らすため。

● 住民の負担増加などの問題がある。

### 4 地域おこしの知恵　教 p.196〜197

▷ 地域の活性化を図る試み

● （**❻**　　　　　　　　）…生産したものを生産地域で消費。

● 六次産業化…生産から加工，販売までを地域で行う。

▷ 高知県馬路村…かつては国有林のスギの生産地として栄えるが，林業は衰退→ゆず生産を拡大し，ゆずジュースを発売。

● （**❼**　　　　　　　　）の成功例として注目される。

▷ 徳島県上勝町…日本料理にそえる木「つまもの」の生産販売。

### 5 人口の変化と交通網の発達　教 p.198〜199

▷ （**❽**　　　　　　　　）…（**❾**　　　　　　　　）の完成で児島—坂出ルート開通→神戸—鳴門ルート，尾道—今治ルート開通。

→通勤・通学，買い物などで本州に出かける人が増加。

▷ 石見空港…地方空港の一つ。

● 自治体からの補助によって路線と空港が維持されている。

**❶山陰地方**
中国・四国地方を三つに分けた場合の，日本海側の地方。

**❷原子爆弾**
核分裂を利用した破壊力が大きい爆弾。

**❸政令指定都市**
地方自治法による政令で指定された都市。

**❹過疎化**
人口が著しく減少すること。

**❺平成の大合併**
1999年に始まり，2000年代に大きく進んだ市町村合併の動き。

**❻地産地消**
地域で生産したものを，その地域で消費すること。

**❼地域おこし**
地域を活性化させるための取り組み。

**❽本州四国連絡橋**
本州と四国を結ぶ三つのルート。

**❾瀬戸大橋**
岡山県倉敷市児島と香川県坂出市を結ぶ橋。

テストに出る！
予想問題 　第3章 日本の諸地域　2 中国・四国地方

⏱30分

/100点

**1** 右の地図を見て，次の問いに答えなさい。　　　　　　　　6点×6〔36点〕

(1) 中国・四国地方を三つに分けたとき，X・Yの
地方を何といいますか。X（　　　　　　　）
　　　　　　　　　　　　　Y（　　　　　　　）

よく出る (2) Zの海を何といいますか。
　　　　　　　　　　　　　（　　　　　　　）

(3) 地図中の★は，中国・四国地方の地方中枢都市
です。これについて，次の問いに答えなさい。

① この都市名を書きなさい。
　　　　　　　　　　（　　　　　　　）

② この都市にある，原子爆弾による被害を受け，世界遺産に登録されている建物を何と
いいますか。　　　　　　　　　　　　　　　　　　　　　（　　　　　　　）

記述 (4) 地図中の■でため池が多くみられる理由を「降水量」という語句を使って書きなさい。
（　　　　　　　　　　　　　　　　　　　　　　　　　　　　　　　　　　）

**2** 次の問いに答えなさい。　　　　　　　　　　　　　　　　8点×8〔64点〕

よく出る (1) 右の地図を見て，次の問いに答えなさい。

① 地図中のA〜Cのルートをまとめて何といい
ますか。　　　（　　　　　　　）

② 地図中のA・Cのルート名を，次から選びな
さい。　　　　　A（　　）　C（　　）

ア 尾道－今治ルート
イ 神戸－鳴門ルート
ウ 児島－坂出ルート

③ 地図中のBのルートにかかる橋を何といいますか。　　　　（　　　　　　　）

(2) 中国・四国地方の山間部などで進んでいる，人口が急激に減少し，地域社会を支える活
動が困難になる現象を何といいますか。　　　　　　　　　（　　　　　　　）

(3) 次の文中のX〜Zにあてはまる語句をそれぞれ書きなさい。

X（　　　　　　　）　Y（　　　　　　　）　Z（　　　　　　　）

「地域や市町村単位で行われる，地域を活性化させる取り組みを（ X ）といい，高知県馬
路村は（ Y ）の生産や商品開発で，徳島県上勝町は（ Z ）の生産で成功した。」

ちょっとひといき 　明日がもしテストだとしても，あきらめるのはまだ早い！

## 第3章 日本の諸地域　3　近畿地方

テストに出る！ **ココが要点**　解答 p.13

### 1 歴史に育まれた地域　教 p.204〜205

▷ 近畿地方…古代から奈良や京都が都として栄え，歴史ある神社
や街並み，代々伝わる(❶　　　　　　　　)産業がみられる。

▷ 紀伊半島…日本有数の多雨地域。古くから林業が行われる。

### 2 京都の街並みと伝統文化　教 p.206〜207

▷ (❷　　　　　　　　)…平安時代に都があった京都の街割り。
東西・南北の道路が直角に交わる。

▷ 京都…西陣織などの伝統的工芸品が発達。

● 人口増加にともない，木造の京町家などの街並みも変化。

### 3 阪神工業地帯の発展と今後　教 p.208〜209

▷ (❸　　　　　　　　)…明治時代に繊維や日用雑貨，食品など
の(❹　　　　　　　　)が発達。かつては日本最大の工業地帯。

● 戦後，臨海部に，鉄鋼や石油化学などの重化学工業を中心とし
た堺・泉北臨海工業地域，播磨臨海工業地域が発展。

▷ (❺　　　　　　　　)…東大阪市，大阪南部の泉州地域など。

▷ 大阪湾の臨海部…工場や港湾，住宅団地として開発。高度経済
成長期以降は再開発が進む。

### 4 都市の成り立ちと広がり　教 p.210〜211

▷ 大阪市…「天下の台所」→明治時代以降，卸売業が発展。

▷ 大都市圏…大都市を中心として結びつく地域。

● (❻　　　　　　　　)…大阪・京都・神戸の三つの大都市を
中心に広がる。東京への(❼　　　　　　　　)が進む中，人口
は全国第二位。

### 5 琵琶湖の水の利用と環境　教 p.212〜213

▷ (❽　　　　　　　　)…滋賀県の面積の6分の1を占める日本
最大の湖。流れ込む河川は合計約460本。

● 瀬田川…琵琶湖から流れ出る唯一の自然河川。京都府で宇治川，
大阪府で(❾　　　　　　　　)となり，大阪湾に注ぐ。

● 環境汚染…工業団地や住宅地の開発→産業排水や農業排水，生
活排水が流れ込み，湖水の富栄養化が急速に進む。

● 淡水赤潮…1977年にプランクトンが異常に増えて発生。

---

満点☆ミッション

❶伝統産業
地域に代々受け継が
れる産業。

❷条坊制
京都の，道路が直角
に交わる街割り。

❸阪神工業地帯
大阪府と兵庫県を中
心に広がる工業地帯。

❹軽工業
繊維，食品など，重
さが軽い製品を生産
する工業。

❺中小工場
働いている人の数が
300人未満の工場。

❻京阪神大都市圏
大阪市，京都市，神
戸市を中心とする大
都市圏。

❼一極集中
政治・経済・文化な
どの機能が一か所に
集まること。

❽琵琶湖
日本最大の湖。

❾淀川
瀬田川が名前を変え
て，大阪湾に注ぐ川。

テストに出る!

**予想問題** 第3章 日本の諸地域　3　近畿地方

🕐 30分

/100点

**1** 右の地図を見て，次の問いに答えなさい。　　　　　　8点×8〔64点〕

(1)　地図中の**A**の半島，**B**の河川の名前を書きなさい。

A（　　　　　）　B（　　　　　）

(2)　地図中に ➡ で示した，近畿地方南部の気候に影響を及ぼす海流を次から選びなさい。　　（　　）

ア　親潮　　イ　対馬海流　　ウ　黒潮

(3)　地図中の京都について，次の問いに答えなさい。

①　京都でみられる，東西・南北の道路が直角に交わる街割りを何といいますか。

（　　　　　　）

②　京都の伝統的工芸品である，高級な絹織物を何といいますか。（　　　　　　　）

(4)　地図中の京都市，大阪市，神戸市を中心に広がる大都市圏を何といいますか。

（　　　　　　　）

(5)　地図中の琵琶湖が滋賀県の面積に占める割合を，次から選びなさい。　　（　　）

ア　6分の1　　イ　5分の1　　ウ　4分の1　　エ　3分の1

(6)　琵琶湖の水質確保のために販売・使用が禁止された，合成洗剤や農業肥料に含まれる化学物質を何といいますか。　　　　　　　　　　　（　　　　　　）

**2** 次の問いに答えなさい。　　　　　　6点×6〔36点〕

よく出る (1)　右のグラフは，日本の工業地帯・工業地域の生産額割合の変化を示しています。阪神工業地帯にあてはまるものを，グラフ中のア〜エから選びなさい。　　（　　）

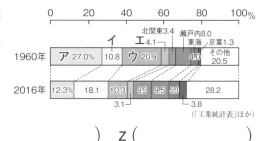

（「工業統計表」ほか）

(2)　次の文中のX〜Zにあてはまる語句を書きなさい。　X（　　　　）　Y（　　　　）　Z（　　　　）

「阪神工業地帯は，明治時代から繊維や食品などを製造する（ X ）を中心に発達し，第二次世界大戦後は鉄鋼や石油化学などの（ Y ）が発展した。東大阪市や堺市，泉州地域などには日用雑貨やタオルなどの繊維製品を生産する（ Z ）が多い。」

よく出る (3)　江戸時代の大阪は，全国から多くの物資が運ばれてきたことから，何とよばれていましたか。　　　　　　　　　　（　　　　　　）

(4)　2025年に大阪市で開催される予定の博覧会を何といいますか。　（　　　　　　）

**ちょっとひといき**　グラフは全体を見ないで，一番多いところ少ないところに注目しよう！

# 第3編 日本のさまざまな地域

## 第3章 日本の諸地域　4 中部地方

満点★ミッション

❶日本アルプス
日本列島の中央部にある三つの山脈の総称。

❷東海
愛知県，岐阜県の一部，静岡県からなる地方。

❸黒潮（日本海流）
日本列島の太平洋側を流れる暖流。

❹北陸
新潟県，富山県，石川県，福井県からなる地方。

❺中央高地
岐阜県の一部，長野県，山梨県からなる地方。

❻信濃川
新潟県・長野県を流れる日本最長の川。

❼名古屋大都市圏
愛知県の県庁所在地である名古屋市を中心とする大都市圏。

❽中京工業地帯
日本最大の工業地帯。

❾東海工業地域
静岡県の太平洋岸に広がる工業地域。

---

テストに出る！ **ココが要点**　解答 p.13

**1 多様な産業がみられる地域**　教 p.218〜219

▷ 自然環境
- （❶　　　　　）…飛騨，木曽，赤石の三つの山脈。
- 周辺には富士山や白山などの火山。
- 平野…濃尾平野や越後平野など。

▷ 中部地方の区分
- （❷　　　　　）地方…太平洋側の地方。夏に降水量が多く，暖流の（❸　　　　　）の影響で温暖。交通が発達し，自動車などの工業のほか，農業・漁業が盛ん。
- （❹　　　　　）地方…日本海側の地方。北西からの季節風の影響で，冬の降雪・積雪が多い。日本有数の稲作地帯。
- （❺　　　　　）…内陸部の地方。積雪が多く，春に解け出す雪が日本最長の（❻　　　　　）や天竜川，木曽川などの水源。農業や観光業が発達。

▷ （❼　　　　　）…中部地方最大の都市である**名古屋市**を中心とする大都市圏。岐阜県，三重県にも広がる。

**2 日本経済をリードする工業地域**　教 p.220〜221

▷ （❽　　　　　）…名古屋市を中心に伊勢湾臨海部から内陸部に広がる工業地帯。

- 臨海部…製鉄所や石油化学コンビナートなど。
- 内陸部…**自動車**関連の工場，液晶関連の開発拠点など。瀬戸市や多治見市では陶磁器から**ファインセラミックス**への転換が進む。

▷ （❾　　　　　）…静岡県の太平洋岸に，鉄道や東名高速道路に沿って広がる工業地域。

- **浜松市**周辺…オートバイやピアノなどの楽器の生産が盛ん。
- **富士市**…豊富な水を生かし，**製紙・パルプ工業**が発達。

▼主な工業地帯・地域の生産額の割合

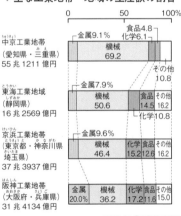

| | 金属 | 機械 | 化学 | 食品 | その他 |
|---|---|---|---|---|---|
| 中京工業地帯（愛知県・三重県）55兆1211億円 | 9.1% | 69.2 | 6.1 | 4.8 | 10.8 |
| 東海工業地域（静岡県）16兆2569億円 | 7.9% | 50.6 | 10.8 | 14.5 | 16.2 |
| 京浜工業地帯（東京都・神奈川県・埼玉県）37兆3937億円 | 9.6% | 46.4 | 15.2 | 12.6 | 16.2 |
| 阪神工業地帯（大阪府・兵庫県）31兆4134億円 | 20.0% | 36.2 | 17.2 | 11.6 | 15.0 |

（2016年『工業統計表』）

ココが要点の答えになります。

**3　先進的な第一次産業**　　教 p.222〜223

▶　東海地方の農業
- 温暖な気候を生かした（⑩　　　　　　　）。
  ◇渥美半島…温室メロンや電照栽培の菊が有名。ビニールハウスを利用した（⑪　　　　　　　）で，トマトやみつばを栽培。豊川用水の整備により水不足を解消。
- 静岡県…茶とみかんの栽培が盛ん。茶は牧ノ原が中心。

▶　焼津港…水揚げ量・金額ともに国内有数の漁港。
- まぐろやかつお漁船の（⑫　　　　　　　）の基地。

**4　自然環境を生かした産業**　　教 p.224〜225

▶　中央高地の農業
- 甲府盆地など…かつてはまゆを生産する養蚕業が盛んで，製糸業も発達→現在は（⑬　　　　　　　）の栽培が盛ん。
- 野辺山など…レタスやセロリ，キャベツなどの栽培が盛ん。

▶　中央高地の工業と観光業
- 諏訪湖周辺…かつては製糸業，第二次世界大戦後は時計やカメラなどを生産する（⑭　　　　　　　）が発達→その技術を生かし，電子部品やプリンターなどの生産。
- 観光資源が豊富。軽井沢は別荘地として開発。

**5　多く降る雪を生かした産業**　　教 p.226〜227

▶　北陸地方の産業
- （⑮　　　　　　　）…積雪で農業生産ができない冬の間の副業として発達。輪島市の漆器，鯖江市の眼鏡フレームなど。
- 金沢市…加賀藩の（⑯　　　　　　　）として発展。九谷焼，加賀友禅などが（⑰　　　　　　　）として受け継がれる。

▶　北陸地方の農業
- 干拓などの（⑱　　　　　　　）が行われ，米の収穫量増加。国内有数の稲作地帯に。
- 米を原料としたせんべいなどの米菓や餅，日本酒などの食品工場もみられる。

▼北陸地方の伝統的工芸品の産地と地場産業

（伝統的工芸品産業振興協会資料）

凡例：
■ 漆器
◆ 織物
● 仏壇
▲ 金工品
□ 陶磁器
■ 木工品
▲ 和紙
○ その他

村上木彫堆朱　越後三条打刃物　輪島塗　七尾仏壇　十日町絣　越中和紙　加茂桐箪笥　九谷焼　小千谷縮・紬　高岡銅器　塩沢紬　山中漆器　井波彫刻　越前漆器　越前焼　加賀友禅・金沢箔　越前和紙　若狭めのう細工

0　100km

---

満点★ミッション

⑩**園芸農業**
　都市への出荷を目的として野菜や果物，花を栽培する農業。

⑪**促成栽培**
　出荷を早める工夫をした栽培方法。

⑫**遠洋漁業**
　世界各地の海に出漁する漁業。

⑬**果樹**
　甲府盆地ではぶどうやももなどを栽培。

⑭**精密機械工業**
　複雑で細かな部品からなる機械をつくる工業。

⑮**地場産業**
　地元の原料や技術と結びついて古くから発達してきた産業。

⑯**城下町**
　城を中心に形成されてきた町。

⑰**伝統的工芸品**
　その土地で現代まで受け継がれてきた工芸品。

⑱**土地改良**
　用水路や排水施設の整備，干拓，耕地整理などによって，土地の性質を改良すること。

テストに出る！

予想問題

第3章 日本の諸地域　4　中部地方

⏱30分

/100点

**1** 右の地図を見て，次の問いに答えなさい。　　　4点×10〔40点〕

(1) 中部地方を三つに区分した場合，地図中の **X〜Z**
の県はそれぞれ何という地方に含まれますか。

X（　　　　　　　　）Y（　　　　　　　　）

Z（　　　　　　　　）

よく出る (2) 地図中の **A** の山脈を何といいますか。

（　　　　　　　　）

(3) 地図中の ▨ の平野の名前を書きなさい。また，
この平野を流れる川を，次から選びなさい。

平野（　　　　　　　　）　川（　　　）

ア　木曽川　　イ　神通川

ウ　富士川　　エ　信濃川

よく出る (4) 右の **A〜C** は，地図中の **ア〜ウ** のいずれ
かの都市の気候と降水量を示したものです。
あてはまる都市をそれぞれ選びなさい。

A（　　）B（　　）C（　　）

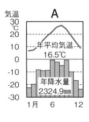

(5) 地図中の★を中心に広がる，岐阜県，三
重県にまで広がる都市圏を何といいますか。

（　　　　　　　　　　　　）

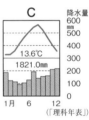

（「理科年表」）

**2** 次の問いに答えなさい。　　　(4)完答，4点×4〔16点〕

よく出る (1) 右のグラフは，中京工業地帯，京浜工業地帯，
阪神工業地帯のいずれかの生産額の割合を示し
たものです。このうち，中京工業地帯のグラフ
を選びなさい。　　　　　　　　（　　　）

| | 金属 | 機械 | | 化学 6.1 | 食品 4.8 |
|---|---|---|---|---|---|
| A 55兆1211億円 | 9.1% | 69.2 | | | その他 10.8 |

| | 金属 | 機械 | 化学 | 食品 | その他 |
|---|---|---|---|---|---|
| B 37兆3937億円 | 9.6% | 46.4 | 15.2 | 12.6 | 16.2 |
| C 31兆4134億円 | 金属 20.0% | 機械 36.2 | 化学 17.2 | 食品 11.6 | その他 15.0 |

0　　20　　40　　60　　80　　100%

（2016年「工業統計表」）

(2) 多治見市(岐阜県)や瀬戸市(愛知県)において，
伝統工業の陶磁器に代わって生産されるようになったものを何といいますか。

（　　　　　　　　　　　　）

(3) 静岡県の太平洋岸に広がる工業地域を何といいますか。　　（　　　　　　　　）

(4) (3)の工業地域の主要都市である浜松市で生産が盛んな製品を，次から2つ選びなさい。

（　　　）（　　　）

ア　プリンター　　イ　楽器　　ウ　パルプ　　エ　オートバイ　　オ　航空機部品

　　ちょっとひといき　雨温図は，複数のグラフを比べて降水量・気温の傾向の違いを覚えよう！

**3** 次のグラフを見て，あとの問いに答えなさい。　　　　　　　　　4点×5〔20点〕

グラフ1　　　　　　　　　　　グラフ2　　　　　　　　グラフ3

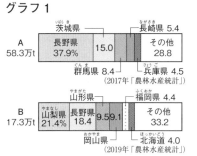
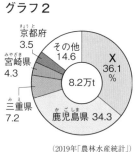
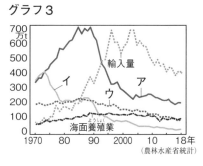

(1) グラフ1は，ぶどう，レタスのいずれかの都道府県別生産量割合を示しています。ぶどうにあてはまるのはA・Bのどちらですか。　　　　　　　　　　（　　　）

(2) グラフ2は，茶の都道府県別の生産量割合を示しています。Xにあてはまる都道府県はどこですか。　　　　　　　　　　　　　　　　　　　　　　　（　　　）

(3) 東海地方で発達している。大都市への出荷を目的として野菜や果物，草花などを栽培する農業を何といいますか。　　　　　　　　　　　　　　　　（　　　）

(4) 愛知県について述べたものとして正しいものを，次から選びなさい。　（　　　）
ア　温室メロンや電照菊の栽培が盛んである。
イ　海沿いの丘陵でみかんの栽培が盛んである。
ウ　かつての精密機械工業にかわり，電子機器の生産が盛んである。

(5) グラフ3は，日本の漁獲量の変化を示しており，ア〜ウは遠洋漁業・沖合漁業・沿岸漁業のいずれかです。遠洋漁業にあてはまるものを選びなさい。　（　　　）

**4** 右の地図を見て，次の問いに答えなさい。　　　　　　　　　　　4点×6〔24点〕

(1) 地図中のA〜Cの県の伝統的工芸品を，次から選びなさい。　A（　　　） B（　　　） C（　　　）
ア　小千谷縮　　　イ　高岡銅器
ウ　越前和紙　　　エ　九谷焼

(2) 地図中の鯖江市で生産が盛んなものを，次から選びなさい。　　　　　　　　　　　　　　（　　　）
ア　金物　　　　　イ　眼鏡フレーム
ウ　うちわ　　　　エ　ケミカルシューズ

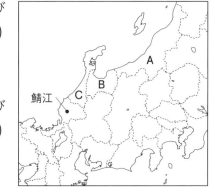

(3) 北陸地方で盛んな，地域に根づいた産業を何といいますか。　（　　　　　　　）

記述 (4) 北陸地方で，伝統的工芸品の生産や(3)の産業が盛んになった理由を，「農作業」という語句を使って書きなさい。
（　　　　　　　　　　　　　　　　　　　　　　　　　　　　　）

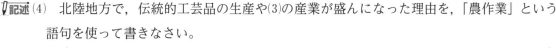

## 第3章 日本の諸地域　5　関東地方

**テストに出る！　ココが要点**　解答 p.14

### 1 日本の中心的な地域　教 p.232〜233

▷　東京…日本の（**❶**　　　　　　　）で，世界有数の大都市。

●通勤・通学する人々の住む地域は拡大し続け，日本の人口の約

3分の1が関東地方に住む。

▷　地形

●（**❷**　　　　　　　）…日本最大の平野。

●（**❸**　　　　　　　），荒川，多摩川などによって形成。

●武蔵野や下総台地…火山から噴出した火山灰が積もった赤土

（（**❹**　　　　　　　））でおおわれる。

◇水に乏しく畑や林などに利用→住宅地や工場用地に変化。

▷　気候…夏は蒸し暑くて雨が多く，冬は晴天の日が多い。

●海沿いの地域…黒潮（日本海流）の影響で温暖。小笠原諸島では，

さんごや亜熱帯性の貴重な植物がみられる。

●内陸部…冬の気温が低く，夏は非常に気温が高い。

### 2 日本の首都　東京　教 p.234〜235

▷　東京の（**❺**　　　　　　　）…政治・経済・文化の中心地。

●国の政治・行政…国会議事堂，中央官庁などが集中。

●経済…大企業の本社や銀行の本店などが多い。

●文化…全国に情報を発信する放送局，新聞社，博物館・美術館，

劇場，大学などが多い。

▷　東京は全国の交通網の中心で，全国各地と放射状につながる。

●**東京駅**…鉄道のターミナルとして重要な役割。

●（**❻**　　　　　　　）（羽田空港）…日本各地と航空路線で結ば

れる。

▷　（**❼**　　　　　　　）…**新宿，池袋，渋谷**など都心の機能を補

う都市。鉄道の主なターミナルで，デパートや映画館などが集ま

る繁華街も形成。

▷　（**❽**　　　　　　　）…都心との距離が近い東京湾岸の埋め立

て地が（**❾**　　　　　　　）されて形成。

▷　都心部の人口…郊外から通勤するため昼間人口は多いが，夜間

人口は少ない。

---

**満点★ミッション**

**❶首都**
国の中央政府が置か
れている都市。

**❷関東平野**
関東地方の大半を占
める平野。

**❸利根川**
関東平野を流れる流
域面積日本最大の川。

**❹関東ローム**
関東平野の台地をお
おっている赤土。

**❺都心**
大都市において，政
治や経済の重要な施
設が集中する地区。

**❻東京国際空港**
東京にある空港。

**❼副都心**
都心の機能を補う地
域。

**❽臨海副都心**
東京湾岸の埋め立て
地に形成された，都
心の機能を補う地域。

**❾再開発**
都市機能を再度つく
り直すこと。

**3** 郊外に広がる市街地　教 p.236〜237

▶ 東京郊外の宅地化…1970年代に，台地・丘陵地，臨海部の埋め立て地に (⑩　　　　　　　　) を建設。

▶ (⑪　　　　　　　　) …都心から半径約70kmの範囲。

● 日本の人口の約４分の１が住む。

● (⑫　　　　　　　　) である横浜市，川崎市，さいたま市，千葉市，相模原市のほか，大都市が分布。

▶ 過密…人口集中で深刻化。道路の混雑を減らすため，**東京外環自動車道**や**圏央道**の建設が進む。

▶ 新都心…筑波研究学園都市，「幕張新都心」，「横浜みなとみらい21」地区，「さいたま新都心」などの建設。

**4** 交通網を利用して発展する産業　教 p.238〜239

▶ 工業

● 東京湾岸の埋め立て地…石油化学などの大工場が進出。東京都と神奈川県に広がる (⑬　　　　　　　) や東京湾東側に位置する (⑭　　　　　　　　) が発展。

**▼関東地方の工業の割合の変化**

| | 0 | 50 | 100% |
|---|---|---|---|
| 北関東工業地域3.3 | | 京葉工業地域1.3 | |
| 1960年 16兆円 | 京浜工業地帯 27.0% | その他68.4 | |
| 2016年 305兆円 | | その他74.4 | |
| 京葉工業地域3.8 北関東工業地域9.5 京浜工業地帯12.3 | | | |

※製造品出荷額(『工業統計表』)

◇ 東京都区部…**印刷・出版**業，靴や婦人服の製造が盛ん。

● 北関東の内陸部…関越自動車道や東北自動車道の整備などで工場移転が進み，(⑮　　　　　　　) が形成。

◇ インターチェンジ周辺に (⑯　　　　　　　) が建設された。

▶ 農業

● 東京周辺… (⑰　　　　　　　) が古くから盛ん。茨城県のはくさい，栃木県のいちごの生産量は全国有数。

● 群馬県嬬恋村…キャベツの生産。

● 房総半島，三浦半島…生花や野菜を，１年を通して生産。

**5** 世界と結びつく東京　教 p.240〜241

▶ 「**海の玄関口**」…**横浜港**や東京港，千葉港，川崎港など。

▶ 「**空の玄関口**」…千葉県の (⑱　　　　　　　) や東京都の**東京国際(羽田)空港**。

▶ 関東地方には全国に居住する外国人の半数近くが住む。

● 新宿区大久保，豊島区池袋には**エスニックタウン**が形成。

⑩ **ニュータウン**
郊外に計画的に建設された，大規模な住宅地。

⑪ **東京大都市圏**
東京を中心とする大都市圏。

⑫ **政令指定都市**
地方自治法による政令で指定された都市。

⑬ **京浜工業地帯**
東京都と神奈川県に広がる工業地帯。

⑭ **京葉工業地域**
千葉県の臨海部に広がる工業地域。

⑮ **北関東工業地域**
関東地方の内陸部に広がる工業地域。

⑯ **工業団地**
工場を計画的に集めた地域。

⑰ **近郊農業**
都市の周辺地域で，野菜や花卉などを生産する農業。

⑱ **成田国際空港**
日本最大の貿易港。

テストに出る！

予想問題　**第3章 日本の諸地域　5　関東地方**

🕐 30分

／100点

**1** 右の地図を見て，次の問いに答えなさい。　　　　　4点×7〔28点〕

(1) 地図中の東京のように，国の政治の中心になる都市を何といいますか。　（　　　　　　　）

(2) 関東地方の人口が日本の人口に占めるおよその割合を，次から選びなさい。　（　　）

ア　約2分の1　　　イ　約3分の1

ウ　約4分の1　　　エ　約5分の1

(3) 地図中のAの河川，Bの半島の名前を，それぞれ書きなさい。

A（　　　　　　　　）

B（　　　　　　　　）

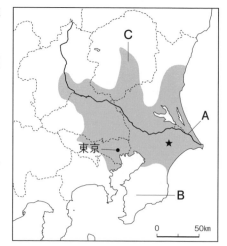

(4) 地図中のCの平野の大部分をおおっている，火山灰が積もった赤土を何といいますか。　（　　　　　　　　）

(5) 関東地方の冬の気候について述べた文として正しいものを，次から選びなさい。

ア　内陸部では，沿岸部に比べて気温が高くなる。　　　（　　）

イ　山沿いの地域では，しばしば雷雨が発生する。

ウ　乾燥した北西の季節風が吹き，晴天の日が多い。

(6) 地図中の★は輸出・輸入額ともに日本最大の国際空港です。この空港を何といいますか。

（　　　　　　　　）

**2** 次の文を読んで，あとの問いに答えなさい。　　　　　4点×5〔20点〕

　　東京の（　A　）には，国会議事堂や中央官庁，大企業の本社などが集中し，国の政治・行政，経済の中心となっている。また，（　A　）の機能を補う役割をもつ新宿，渋谷，池袋などは（　B　）とよばれ，鉄道の主な（　C　）となっている。

(1) 文中のA～Cにあてはまる語句をそれぞれ書きなさい。

A（　　　　　　　）　B（　　　　　　　）　C（　　　　　　　）

(2) 下線部では，昼間人口と夜間人口のうち，多いのはどちらですか。

（　　　　　　　　）

記述 (3) (2)の理由を，「郊外」「通勤」という語句を使って書きなさい。

（　　　　　　　　　　　　　　　　　　　　　）

**3** 右の地図を見て，次の問いに答えなさい。　4点×6〔24点〕

(1) 地図中の□□にあてはまる，住宅を大量に供給するため，1970年代に東京の郊外に開発された住宅地を何といいますか。（　　　　　　）

(2) 地図中の5つの★は，政府によって指定を受けた都市です。この都市を何といいますか。
（　　　　　　）

(3) 東京のように，過度に人口が集中した状況を何といいますか。（　　　　　　）

(4) 地図中のA〜Cにある，東京のもつ機能を分散させるためにつくられた地区の名前を，□□からそれぞれ選びなさい。

A（　　　　　　）　B（　　　　　　）　C（　　　　　　）

> 横浜みなとみらい21　幕張新都心　さいたま新都心

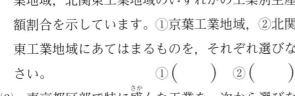

**4** 次の問いに答えなさい。　4点×7〔28点〕

(1) グラフ1中のA〜Cは，京浜工業地帯，京葉工業地域，北関東工業地域のいずれかの工業別生産額割合を示しています。①京葉工業地域，②北関東工業地域にあてはまるものを，それぞれ選びなさい。
①（　　　）　②（　　　）

(2) 東京都区部で特に盛んな工業を，次から選びなさい。（　　　）
ア　精密機械工業　　イ　食品工業
ウ　印刷・出版業　　エ　繊維業

(3) 自動車道のインターチェンジ付近に立地している，土地を整備して多くの工場を集めたところを何といいますか。（　　　　　　）

(4) グラフ2は，関東地方と周辺の主な都市で消費される，はくさいとキャベツの生産地を示しています。グラフ中のX・Yにあてはまる県を，次からそれぞれ選びなさい。

X（　　　）　Y（　　　）

ア　茨城県　　イ　群馬県　　ウ　栃木県　　エ　埼玉県

(5) 大都市に近い条件を生かし，都市向けに野菜や草花，果実などを生産して出荷する農業を何といいますか。（　　　　　　）

グラフ1
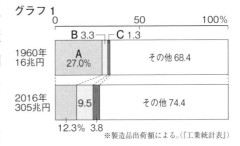
※製造品出荷額による。（『工業統計表』）

グラフ2
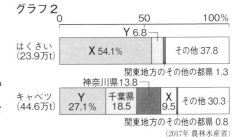
(2017年 農林水産省)

## 第3章 日本の諸地域　6 東北地方

 満点★ミッション

テストに出る！ **ココ**が**要点**　解答 p.15

### 1 豊かな風土に育まれた文化をもつ地域　教 p.246〜247

▷　太平洋側の気候…冬は日照時間が長くなる。梅雨明け後は，海からやませが吹き込み，（❶　　　　　　　）が起こりやすい。

▷　日本海側の気候…冬は雪が多く，夏は奥羽山脈から吹き下ろす風によって高温になる日も。

▷　奥羽山脈には蔵王山などの火山，十和田湖はカルデラ湖。

▷　（❷　　　　　　　）海岸…（❸　　　　　　　）が長く続く。

●2011年の東日本大震災では（❹　　　　　　　）による被害。

### 2 地域に根ざした豊かな文化　教 p.248〜249

▷　江戸時代，秋田藩は秋田スギを使った曲げわっぱ，盛岡藩は茶釜・鉄瓶を生産。国の（❺　　　　　　　）に指定。

▷　岩手県の馬の産地では，「チャグチャグ馬コ」などの伝統行事や「南部馬方節」といった民謡が受け継がれる。

### 3 現代に生きる地域文化　教 p.250〜251

▷　東北三大夏まつり…青森ねぶたまつり，秋田竿燈まつり，仙台七夕まつりのことで，江戸時代からの伝統行事。

▷　農業にかかわる行事…「道具の年とり」，「田植踊」など。

### 4 人々の暮らしの変化と産業　教 p.252〜253

▷　農村…カントリーエレベーターが建てられるなど，風景が変化。

▷　福島県郡山市…1960年代以降，安い労働力を求めて電子部品，電気機械，情報通信機器などをつくる工場が増加。

▷　岩手県，宮城県…高速道路のインターチェンジ付近に自動車工場や部品工場が進出。

### 5 これからの農業　教 p.254〜255

▷　東北地方の米の生産量は日本全体の４分の１以上を占める。

●日本海側は（❻　　　　　　　）地帯。

▷　岩手県久慈地方…夏に（❼　　　　　　　）が吹き込み，冷害に悩まされる→ほうれん草栽培に取り組む農家が増加。

▷　経営安定の工夫…（❽　　　　　　　）づくりにも注力。

●津軽平野…りんご栽培が盛ん。（❾　　　　　　　）や農業のグローバル化に対応して輸出を強化。

---

**❶冷害**
日照不足と低温により農作物が育たない被害。

**❷三陸海岸**
青森県南部から宮城県北部まで続く海岸。

**❸リアス海岸**
半島や岬と湾が交互に入り組んだ海岸。

**❹津波**
地震によって引き起こされる高い波。

**❺伝統的工芸品**
現代まで受け継がれてきた工芸品。

**❻水田単作**
一年のうち夏だけ稲作を行うこと。

**❼やませ**
夏に東北地方の太平洋側に吹く，冷たく湿った北東風。

**❽地域ブランド**
特定の地域で生産される農畜産物。

**❾貿易の自由化**
輸出・輸入の制限をなくすこと。

**ココ**が**要点**の答えになります。

テストに出る！
**予想問題**　第3章 日本の諸地域　6 東北地方

⏱30分　　/100点

**1** 右の地図を見て，次の問いに答えなさい。　　6点×12〔72点〕

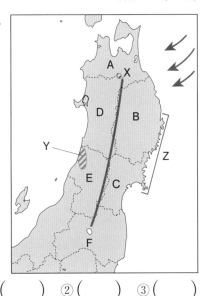

よく出る (1) 地図中の➡は，夏に吹く湿った冷たい北東風です。この風を何といいますか。　（　　　　　　　）

(2) (1)の風が吹くことによって起こりやすくなる被害を何といいますか。　（　　　　　　　）

(3) 地図中のXの山脈，Yの平野の名前を書きなさい。
X（　　　　　　　）　Y（　　　　　　　）

よく出る (4) 地図中のZの海岸を何といいますか。また，この海岸にみられる海岸地形を何といいますか。
海岸（　　　　　　　）
地形（　　　　　　　）

(5) 次の①〜③の伝統的工芸品が生産されている県を，地図中のA〜Fからそれぞれ選びなさい。　①（　　）②（　　）③（　　）
① 南部鉄器　② 会津塗　③ 曲げわっぱ

(6) 地図中のA・C・Dの県で毎年行われている，東北三大夏まつりに数えられる祭りをそれぞれ書きなさい。
A（　　　　　　　）C（　　　　　　　）D（　　　　　　　）

**2** 次の問いに答えなさい。　　4点×7〔28点〕

(1) 東北地方の米の生産量は，全国の生産量のどれぐらいを占めていますか。次から選びなさい。　（　　）
ア　約20%　イ　約30%　ウ　約50%

(2) 右のA〜Cは，岩手県，秋田県，山形県のいずれかの農業生産構成を示しています。それぞれにあてはまるものを選びなさい。
岩手県（　　）秋田県（　　）山形県（　　）

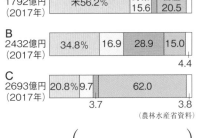

| | 0　　　　　50　　　　100% |
|---|---|
| A 1792億円 (2017年) | 米56.2%　野菜15.6　畜産20.5　果実3.9　その他3.8 |
| B 2432億円 (2017年) | 34.8%　16.9　28.9　15.0　4.4 |
| C 2693億円 (2017年) | 20.8%　9.7　62.0　3.7　3.8 |

（農林水産省資料）

よく出る (3) 青森県津軽平野で生産が盛んな果樹は何ですか。　（　　　　　　　）

(4) 次の文中のX・Yにあてはまる語句をそれぞれ書きなさい。
X（　　　　　　　）Y（　　　　　　　）
「岩手県や宮城県には，高速道路の（ X ）付近を中心に，（ Y ）工場や部品工場が進出している。」

## 第3章 日本の諸地域　7　北海道地方

満点ミッション

**テストに出る！ ココが要点**　解答 p.16

### 1 開拓の歴史が新しい地域　教 p.260～261

▷ 石狩山地の西側…積雪が多い。石狩平野や上川盆地が広がる。

▷ 日高山脈の東側…雪が少ない。十勝平野や根釧台地，釧路平野などが広がる。

▷ **蝦夷地**…江戸時代までのよび名。古くから先住民族である
（ **❶** 　　　　　　　）が暮らす。

● 明治政府は（ **❷** 　　　　　　　）を札幌におき，**屯田兵**を送るなどして開拓を進める。

### 2 長く厳しい冬の暮らし　教 p.262～263

▷ 気候…（ **❸** 　　　　　　　）（**亜寒帯**）に属する。

● **オホーツク海**沿岸…冬に（ **❹** 　　　　　　　）が押し寄せる。

● 夏の気候…本州よりも涼しい。**親潮**（千島海流）が南下する釧路などでは，**濃霧**が発生しやすい。

### 3 大規模化する農業　教 p.264～265

▷ 石狩平野…広大な**稲作**地帯。かつて（ **❺** 　　　　　　　）が広がっていたが，土地改良などで整備し水田地帯へ。

▷ 十勝平野…**畑作**が盛ん。じゃがいも，てんさいの生産量が多く，だいず，あずきは全国一の生産量。

▷ 根釧台地など…（ **❻** 　　　　　　　）が盛ん。

### 4 「とる漁業」から「育てる漁業」へ　教 p.266～267

▷ 漁業の生産量が全国第一位。昆布やさけなど。

▷ 遠洋漁業…かつては（ **❼** 　　　　　　　）が盛んだったが，
200海里までの**排他的経済水域**の設定と**母川国主義**の主張により衰退。

● 「育てる漁業」…主な川ではさけの（ **❽** 　　　　　　　）が盛ん。オホーツク海などではほたて，サロマ湖などではかきの**養殖**。

### 5 豊かな自然と観光　教 p.268～269

▷ 「さっぽろ雪まつり」のイベントなどで冬の観光客を増やす。

● 有珠山のそばの**洞爺湖温泉**…**世界ジオパーク**に認定。

● **国立公園**…大雪山と阿寒摩周など6か所ある。

● （ **❾** 　　　　　　　）…地元のボランティアやガイドが行う。

---

**❶アイヌ民族**
北海道の先住民族。

**❷開拓使**
明治政府が北海道においた官庁。

**❸冷帯**
夏が短く，冬の寒さがきびしい気候帯。

**❹流氷**
海の上を流れ，ただよっている氷。

**❺泥炭地**
気温が低いため，枯れた植物が分解されずにできた泥状の炭が堆積する湿地。

**❻酪農**
乳牛を飼育し，チーズなどの乳製品を生産する農業。

**❼北洋漁業**
オホーツク海や北太平洋で行われる遠洋漁業。

**❽栽培漁業**
人工的にふ化させた稚魚を育てた後に放流し，成長してからとる漁業。

**❾エコツアー**
自然を壊すことなく，地域の自然や文化を楽しむ旅行。

テストに出る！

# 予想問題　第3章 日本の諸地域　7 北海道地方

⏱ 30分

/100点

**1** 右の地図を見て，次の問いに答えなさい。 5点×13〔65点〕

(1) 地図中のXの山地，Yの山脈，Zの半島の名前を書きなさい。　X（　　　　　　　）
Y（　　　　　　　）　Z（　　　　　　　）

(2) 次の①～③が特に盛（さか）んな平野や台地を，地図中のA～Dから選び，その平野名や台地名を書きなさい。

① 酪農（らくのう）　（　　）　名前（　　　　　　）

② 畑作　（　　）　名前（　　　　　　）

③ 稲作（いなさく）　（　　）　名前（　　　　　　）

(3) 北海道は何という気候に属していますか。漢字2字で書きなさい。（ほっかいどう）

（　　　　　　　　　）

(4) 地図中の〇は，冬になると流氷がみられるところです。この海を何といいますか。

（　　　　　　　　　）

(5) 北海道に，古くから住んでいた先住民族を何といいますか。（　　　　　　　　　）

(6) 北海道を開拓するために明治（めいじ）政府がおいた役所を何といいますか。（　　　　　　　　　）

**2** 次の問いに答えなさい。 5点×7〔35点〕

(1) 右のグラフは，主な農産物の生産量に占める北海道の割合を示したものです。グラフ中のA～Dにあてはまる農産物を，□から選びなさい。

A（　　　　　　　）

B（　　　　　　　）

C（　　　　　　　）

D（　　　　　　　）

| あずき |
| たまねぎ |
| てんさい |
| 生乳 |

**A** 390.1万t　北海道100%

**B** (2016年) 739.4万t　北海道53.1%　栃木4.5　熊本3.4　群馬3.5　岩手2.9　千葉2.9　愛知2.5　その他27.2

**C** 121.4万t　北海道64.6%　栃木1.1　佐賀8.5　兵庫7.7　長崎2.2　静岡1.1　その他12.4

**D** 5.3万t　北海道93.3%　京都0.4　兵庫0.9　その他5.4

(2017年農林水産省資料)

(2) オホーツク海や北太平洋に出かけていって行う遠洋漁業を何といいますか。

（　　　　　　　　　）

(3) (2)の漁業が制限される原因の一つとなった，魚がもどってきて産卵する川をもつ国に漁（ぎょ）獲（かく）する権利があるとする主義を何といいますか。（　　　　　　　　　）

(4) 魚や貝類などを，網（あみ）を張った海や人工の池で大きくなるまで育てることを何といいますか。（　　　　　　　　　）

## 第4章 地域のあり方

**満点★ミッション**

**❶地域格差**
地域によって，社会的・経済的な発展に違いがあること。

**❷一極集中**
さまざまな機能が一つの都市に集まること。

**❸公共施設**
国・地方公共団体などが提供する，日々の生活に必要な施設。

**❹過密**
人口が著しく集中している状態。

**❺阪神・淡路大震災**
1995年に発生した地震による兵庫県神戸市を中心とした災害。

**❻高齢化**
人口に占める65歳以上の割合が高くなること。

### 1 地域の課題をとらえる(1)　教 p.274〜275

▷ 第二次世界大戦後，若い世代の多くが農村から都市へ移動→都市と農村のさまざまな（**❶**　　　　　　）が広がる。

● 首都・東京…政治や経済，文化などの面で著しい（**❷**　　　　　）が起きている。

● 農村地域…人口が流出して，産業や経済が衰える上，公共交通機関の廃止など住民の生活にも困難な状況が広がる。

▷ 徳島県上勝町…人口減少と高齢化が進む。地域の環境改善のため，「ゼロ・ウェイスト（ごみゼロ）」を宣言。補助のための制度を整備し，町への移住者を集める努力を続ける。

### 2 地域の課題をとらえる(2)　教 p.276〜277

▷ （**❸**　　　　　　　）…港湾や空港，鉄道や道路，学校や病院など。老朽化が進み，人口減少による維持や管理の負担増。

▷ （**❹**　　　　　　）化…通勤・通学時の鉄道や道路の交通渋滞，地価の値上がりによる住居費や税金の負担増，ごみ処理施設の不足，防災などの問題。

● ごみ処理の課題…収集や清掃工場での処理，焼却灰や不燃ごみ処理場の確保など。

▷ （**❺**　　　　　　　）…1995年に発生。現在は区画整理が進み，幅の広い道路，避難場所，地震に強い住宅などを整備。

### 3 地域の課題を調べる　教 p.278〜279

▷ 多摩ニュータウン…1971年から入居が始まった国内最大のニュータウン。現在(2019年)の人口約22万人のうち65歳以上の割合は24.4％で，（**❻**　　　　　　）が進む。

### 4 地域に向けて発信する　教 p.280〜281

▷ 地域による違い

● 多摩センター駅の周りには，会社やテーマパークがあり，勤めている人や観光客でにぎわう。

● 団地の建て替えがすんだ地区と古いままの住宅が残る地区。

▷ 課題を解決するための方法…人々が困っていることを明らかにして，違いの原因を探り，話し合いながら解決方法を提案。

ココが要点の答えになります。

# 中間・期末の攻略本

取りはずして使えます！

# 解答と解説

## 教育出版版　社会地理

---

### 第1章　世界の地域構成

#### p.2　ココが要点

❶ユーラシア大陸　　❷3：7
❸太平洋　　❹緯線
❺経線　　❻赤道
❼本初子午線　　❽白夜
❾地球儀　　❿世界地図

#### p.3　予想問題

1　(1)Aアフリカ大陸
　　　B南アメリカ大陸
　　(2)X大西洋　　Yインド洋
　　(3)オーストラリア大陸
　　(4)3：7
2　(1)0度
　　(2)①本初子午線　　②ロンドン
3　(1)Aウ　　Bア
　　(2)地球儀

#### 解説

1　(2)大西洋，インド洋，太平洋をあわせて三大洋(三海洋)とよび，太平洋が最も広い。
2　(1)赤道は，アフリカ大陸中央部，アマゾン川河口部，シンガポールの南側を通る。
　(2)本初子午線は，イギリスの首都ロンドン郊外にある旧グリニッジ天文台を通る。
3　(1)Aは正距方位図法，Bはモルワイデ図法。

練習しよう　地球儀の「儀」を攻略！

| 儀 | 儀 | | | | | | |
|---|---|---|---|---|---|---|---|

ミス注意！　「太平洋」と「大西洋」の「太」と「大」をまちがえないようにしよう。

---

#### p4　ココが要点

❶アジア州　　❷独立国
❸国際連合　　❹植民地
❺ロシア連邦　　❻バチカン市国
❼国旗　　❽国境
❾パスポート

#### p.5　予想問題

1　(1)Aヨーロッパ州
　　　Bオセアニア州
　　(2)アジア州
　　(3)①記号　イ
　　　　国名　ロシア〔ロシア連邦〕
　　　②記号　ウ
　　　　国名　中国〔中華人民共和国〕
2　(1)①イギリス
　　　②ユニオンジャック
　　　③ウ・エ
　　(2)イスラム教
　　(3)経線
　　(4)①ウ　　②イ

#### 解説

1　(3)①ロシア連邦の面積は，世界の陸地面積の8分の1近くを占める。地図中のエのカナダは世界第2位，オのアメリカ合衆国は世界第3位の広さである。アが示しているイタリアの首都には，世界で最も面積が小さい国であるバチカン市国がある。
2　(1)③ウのニュージーランドやエのフィジーは，かつてイギリスに支配されていたため，国旗の中にユニオンジャックがみられる。
　(2)国旗の色には，その国の信仰や風土，文化などが強く反映されている。
　(4)アのコロンビアの国名は，この国に初めてきた探検家コロンブスにちなんでつけられた。

1

## p.6～p.7　ココが要点

❶本初子午線　　　　❷時差
❸日付変更線　　　　❹東経135度
❺本州　　　　　　　❻領土
❼領空　　　　　　　❽排他的経済水域
❾沖ノ鳥島　　　　　❿北方領土
⓫択捉島　　　　　　⓬ロシア連邦
⓭竹島　　　　　　　⓮尖閣諸島
⓯地方公共団体〔地方自治体〕
⓰沖縄県　　　　　　⓱城下町
⓲港町　　　　　　　⓳門前町

## p.8～p.9　予想問題

1　(1)本初子午線
　　(2)東経135度
　　(3)①日付変更線　　②イ
　　(4)9時間
　　(5)14時間
2　(1)ユーラシア
　　(2)Bカ　　Cエ　　Dイ
　　(3)本州
　　(4)X領土　　Y領海
3　(1)名前　北方領土　　国　ア
　　(2)Aウ　　Bエ
　　(3)C名前　竹島　　国　エ
　　　D名前　尖閣諸島　　国　イ
　　(4)①排他的経済水域
　　　②〈例〉日本は島国であり,離島も多いため。
4　(1)47
　　(2)A中部地方　　B九州地方
　　(3)愛媛県
　　(4)X甲府市　　Y大津市
　　(5)横浜市　　港町
　　　長野市　　門前町

## 解説

1　(2)東経135度線は**兵庫県明石市**を通っている。
(3)地図中の矢印は,西から東に向かっている。日付変更線の西が1日の中で最も時刻が早いことから,この線を東から西に越えるときには日付を1日進め,西から東に越えるときには日付を1日遅らせる。

(4)日本は東経135度,イギリスは経度0度が標準時子午線だから,日本とイギリスの経度差は135度である。経度15度ごとに1時間の時差が生じるから,135÷15で9時間の時差がある。
(5)2地点が東経と西経の場合は,経度を足すことで経度差が求められる。日本が東経135度,ニューヨークが西経75度だから,経度差は135＋75で210度。経度15度ごとに1時間の時差が生じるから,210÷15で,14時間の時差がある。

2　(1)日本が属するアジア州とヨーロッパ州は,**ユーラシア大陸**にある。
(3)本州の次に面積が大きいのは北海道,最も面積が小さいのは四国である。
(4)その国の主権がおよぶ土地を領土,領土の海岸線から12海里以内の範囲を**領海**という。

3　(1)北方領土は歯舞群島,色丹島,国後島,択捉島からなる。地図中の**ア**はロシア連邦,**イ**は中国,**ウ**は北朝鮮,**エ**は韓国である。
(2)**ア**の択捉島は日本の最北端の島,**イ**の沖ノ鳥島は日本の最南端の島である。
(3)**C**の竹島は島根県,**D**の尖閣諸島は沖縄県に属する。
(4)排他的経済水域とは,領海の外側で,沿岸から200海里以内の海域のことをいう。水産資源や鉱産資源を自国のものとすることができる。

4　(1)1都1道2府43県の47都道府県。
(2)日本を七つの地方に区分した場合,北海道地方,東北地方,関東地方,中部地方,近畿地方,中国・四国地方,九州地方に分けられる。
(4)地図中の**X**は山梨県,**Y**は滋賀県。

### ➕もひとつプラス　時差の求め方

| ○東経どうしの2地点間の時差を求める場合 |
| --- |
| 　経度の大きいほうから小さいほうを引いたものが経度差になる。 |
| ○東経と西経の2地点間の時差を求める場合 |
| 　両方の経度を足したものが経度差となる。 |

### 練習しよう　排他的経済水域の「排」を攻略！

排｜排

❎ミス注意！ 標準時子午線の「午」は,午前,午後の「午」と同じ。「牛」とまちがえないようにしよう。

## 第2編　世界のさまざまな地域

## 第1章　世界の人々の生活と環境

**p.10　ココが要点**
- ❶植生
- ❷冷帯
- ❸熱帯
- ❹サバナ
- ❺乾燥帯
- ❻ステップ
- ❼偏西風
- ❽地中海性気候
- ❾季節風

**p.11　予想問題**

1　(1)A寒帯　　E熱帯
　(2)①E　　②D
　(3)イ
　(4)①遊牧　　②ゲル　　③ステップ

2　(1)Aイ　　Bウ　　Cア
　(2)石
　(3)X偏西風　　Y季節風

**解説**

1　(1)地図中のBは冷帯，Cは温帯，Dは乾燥帯。
　(2)①は熱帯，②は乾燥帯の説明である。
　(3)Eの地域は熱帯に属するので，一年を通して気温が高く降水量も多い**イ**があてはまる。**ア**は一年を通して降水量がほとんどないことから乾燥帯，**ウ・エ**は冬の気温が低く，寒帯・冷帯のいずれかであるが，より気温の低い**エ**が寒帯のグラフである。

2　(1)**西岸海洋性気候**は降水量にあまり変化がないのに対して，**温暖湿潤気候**は降水量が比較的多い。
　(3)季節風はモンスーンともよばれる。

**＋もひとつプラス　住宅に使われる素材**

| 寒帯 | 雪（イグルー） | 冷帯 | 木 |
|---|---|---|---|
| 乾燥帯 | 日干しれんがや動物の皮 | 熱帯 | 木やしの葉 |

**練習しよう　砂漠の「漠」を攻略！**

漠漠

**ミス注意！**　熱帯の草原であるサバナと乾燥帯の草原であるステップは混同しやすい。

**ミス注意！**　「偏西風」の「偏」を「編」と書きまちがえないようにしよう。

**p.12　ココが要点**
- ❶冷帯
- ❷タイガ
- ❸ツンドラ気候
- ❹氷雪気候
- ❺放牧
- ❻母語
- ❼公用語
- ❽民族
- ❾キリスト教
- ❿イスラム教
- ⓫ヒンドゥー教

**p.13　予想問題**

1　(1)寒帯
　(2)ツンドラ気候
　(3)タイガ
　(4)①リャマ・アルパカ（順不同）
　　②〈例〉標高が高くなるほど，気温は低くなるから。

2　(1)母語
　(2)中国語
　(3)Aキリスト教　　Bイスラム教
　　Cヒンドゥー教　　D仏教
　(4)ア・エ

**解説**

1　(1)Bは冷帯で，冷帯より緯度が高くなると寒帯の気候となる。
　(2)寒帯は，短い夏の間だけ凍った地面が解ける**ツンドラ気候**と，一年を通じて雪と氷におおわれる**氷雪気候**に分けられる。
　(4)②標高が上がるごとに気温は下がる。そのため，赤道付近であっても，標高が高い地域は気温が低い。

2　(2)中国語に次いで多いのは，スペイン語，英語の順である。
　(3)Aは南北アメリカやヨーロッパに分布しているのでキリスト教，Bはアフリカ大陸北部や西アジアや中央アジアに分布しているのでイスラム教，Cはインドのみなのでヒンドゥー教，Dは東アジアなどに分布しているので仏教である。
　(4)**イ**はヒンドゥー教，**ウ**はキリスト教。

**練習しよう　針葉樹林の「樹」を攻略！**

樹樹

**ミス注意！**　人が生まれて最初に覚える「母語」と，国の政府が役所などで使う言葉として定めた「公用語」を混同しないようにしよう。

## p.14 ～ p.15 ココが要点

❶植民地　　　　　　❷発展途上国
❸季節風　　　　　　❹工業化
❺一人っ子政策　　　❻漢族
❼経済特区　　　　　❽世界の工場
❾世界の市場　　　　❿プランテーション
⓫バナナ　　　　　　⓬ASEAN
⓭繊維産業
⓮情報通信技術〔ICT〕産業
⓯原油　　　　　　　⓰OPEC
⓱レアメタル

## p.16 ～ p.17 予想問題

**1** (1)A黄河　　B長江
　　(2)モンスーン
　　(3)漢族
　　(4)一人っ子政策
　　(5)Xイ　　　Yア
　　(6)経済特区
**2** (1)Xイ　　　Yウ
　　(2)プランテーション
　　(3)ASEAN
　　(4)ア
**3** (1)Aデカン高原　　Bガンジス川
　　(2)Xエ　　　Yア
　　(3)工業団地
　　(4)①ICT
　　　②〈例〉英語を話す労働者が多く，賃金水準も低いため。
**4** (1)ペルシア湾
　　(2)原油
　　(3)OPEC
　　(4)ドバイ
　　(5)イ

### 解説

**1** (1)中国の華北を流れるのが黄河で，その南の華中を流れるのが長江である。
　(3)漢族以外の民族は**少数民族**とよばれる。
　(4)**一人っ子政策**は，一組の夫婦が生み育てる子どもは一人に限るとする政策。人口に占める高齢者の割合が急速に高まる予測がなされたこと

から廃止され，2016年からは子どもは二人まで生むことが認められるようになった。
　(5)Xの華北では小麦，Yの華中・華南では米の栽培が盛んである。
**2** (1)Xはベトナムやインドネシアのスマトラ島に多く分布していることからイのコーヒー，Yはフィリピンに多く分布していることからウのバナナと判断できる。
　(2)**プランテーション**は，主に植民地時代に支配国の資本でつくられた大農園である。
　(4)地図中の**ア**はタイ，**イ**はフィリピン，**ウ**はマレーシア，**エ**はインドネシア。
**3** (1)**A**デカン高原では綿花の栽培が盛んである。**B**ガンジス川はヒンドゥー教徒にとって聖なる川である。
　(2)スリランカやインド北東部のダージリンが茶の産地として知られている。**イ**のジュートはガンジス川の河口付近，**ウ**の米は降水量の多いヒンドスタン平原や東岸部で栽培が盛んである。
　(3)ムンバイとコルカタなどの郊外にある工業団地には，日本や韓国など多くの外国企業の工場が立地している。
　(4)②インドでは，理数系の教育が重視されており，能力の高い技術者が豊富なことも，ICT産業が発達した理由の一つとしてあげられる。
**4** (1)(2)ペルシア湾岸地域には油田が集中している。
　(3)OPECは石油輸出国機構の略称である。サウジアラビアやアラブ首長国連邦など中東の産油国を中心に結成された。
　(5)**ア**牛肉ではなく豚肉である。**ウ**イスラム教発祥の地はメッカである。メディナは布教の拠点。**エ**女性が自動車を運転することはかつて禁止されていたが，2018年から認められるようになった。

**練習しよう** 大韓民国の「韓」を攻略！

| 韓 | 韓 | | | | |
|---|---|---|---|---|---|

**練習しよう** 繊維産業の「繊維」を攻略！

| 繊 | 維 | | | | |
|---|---|---|---|---|---|

**ミス注意！**「ASEAN」「NIES」などのアルファベットの略語を正しく書けるようにしておこう。

❶偏西風　　　　　　❷西岸海洋性
❸地中海性　　　　　❹フィヨルド
❺ヨーロッパ連合　　❻ユーロ
❼地中海式農業　　　❽混合農業
❾酪農　　　　　　　❿鉄鉱石
⓫重化学工業　　　　⓬外国人労働者
⓭酸性雨　　　　　　⓮地球温暖化
⓯再生可能エネルギー　⓰タイガ
⓱ツンドラ　　　　　⓲パイプライン

**p.20～p.21** 予想問題

① (1)フィヨルド
　(2)①西岸海洋性
　　②北大西洋
　　③偏西風
　(3)Aウ　　Bア
　(4)①混合農業　記号　イ
　　②酪農　記号　ア
　(5)イ
② (1)ア
　(2)ユーロ
　(3)イ・エ
③ (1)イ
　(2)X石油　　Y石炭
　(3)ロッテルダム
　(4)イ
　(5)①酸性雨　　②地球温暖化
　(6)イ
④ (1)アジア州
　(2)ア
　(3)シベリア
　(4)ツンドラ気候
　(5)パイプライン

**解説**

① (1)**フィヨルド**はスカンディナビア半島の沿岸
のほか，南アメリカ大陸のチリ南部の海岸でも
みられる。
　(2)③**偏西風**は一年を通して西から吹く風である。
　(3)**A**はドイツ，**B**はスペインである。**ア**のラテ
ン系言語は主に西ヨーロッパ，**イ**のスラブ系言
語は主に東ヨーロッパ，**ウ**のゲルマン系言語は
主に北ヨーロッパで使われている。

　(4)①**混合農業**は，夏の気温が低いヨーロッパの
中央部や北部で行われている。
　②**酪農**は，アルプス山脈や北海沿岸などの，穀
物の栽培には適していない地域で主に行われて
いる。
　(5)**C**はイタリアで，イタリアやスペインなどの
地中海沿岸では**地中海式農業**が行われてきた。
この地域は地中海性気候に属し，夏に降水量が
少ないため，乾燥に強いオリーブやぶどうなど
を栽培している。
② (1)グラフ中の**イ**は中国，**ウ**はアメリカ合衆国，
**エ**は日本である。
　(3)**ア**ハンガリーやルーマニアなど，東ヨーロッ
パの国々も加盟している。**ウ**スウェーデンやポー
ランドなど，EUに加盟しているがユーロを導入
していない国もある。
③ (1)地図中の**ア**はポーランド，**イ**はドイツ，**ウ**
はイギリス，**エ**はスペイン。
　(2)**X**は北海などに分布していることから石油，
**Y**は鉄鋼業が盛んであったドイツの**ルール地方**
などに分布していることから石炭である。
　(3)**ロッテルダム**はオランダの港湾都市で，製品
が輸出しやすいことから，近年は沿岸部で工業
が盛んになっている。
　**A**はフランスで，南部のトゥールーズは航空機
生産の中心地として発展した。
　(5)①**酸性雨**は，工場や自動車から排出された硫
黄酸化物などが，偏西風に乗って遠く離れた地
域まで運ばれるため，広い範囲にまで被害をも
たらす。
　(6)**イ**の天然ガスは化石燃料の一つである。
④ (1)ウラル山脈によって，ヨーロッパ州とアジ
ア州にへだてられる。
　(2)**イ**には混合林が広がっている。**ウ**は乾燥帯に
属し，ステップとよばれる短い草が生える草原
が広がっている。
　(3)シベリアは冷帯～寒帯に属する気候である。
針葉樹林帯はカタカナで**タイガ**とよばれる。

**練習しよう** 偏西風の「偏」を攻略！

**ミス注意!** 「タイガ」「シベリア」「ツンドラ」の取
りちがいをしないように注意しよう。

**❶**サハラ砂漠　　　　　　**❷**サヘル

**❸**植民地　　　　　　　　**❹**プランテーション

**❺**フェアトレード　　　　**❻**遊牧

**❼**オアシス　　　　　　　**❽**レアメタル

**❾**モノカルチャー経済

**1** (1)Aサハラ砂漠　　Bナイル川

　　(2)Xサヘル　　Y砂漠化

　　(3)①ウ　　②イ

　　　③ア

　　(4)アパルトヘイト

**2** (1)コートジボワール

　　(2)プランテーション農業

　　(3)Xウ　　Yイ

　　(4)レアメタル〔希少金属〕

　　(5)〈例〉特定の鉱産資源や農作物の生産・輸
　　　　出に頼る経済。

◆解説◆

**1** (1)**B**ナイル川流域では，古代にエジプト文明
がおこった。

(2)**X**サヘルはアラビア語で「岸辺」という意味。

(3)①は日本と季節が逆で，6～9月の気温が低
くなっていることから，南半球に位置する**ウ**で
あることがわかる。②は一年を通して気温が高
いことから熱帯であるため，赤道付近に位置す
る**イ**である。③は残った**ア**となる。

**2** (1)コートジボワールやガーナなどのギニア湾
岸は高温多湿の気候で，水はけのよい土壌と
なっていることもあり，カカオの生産が盛んで
ある。

(3)**ウ**の銅の輸出が多いのは，ザンビア。**イ**の原
油の輸出が多いのはナイジェリアである。

(4)**レアメタル**には，マンガンやニッケル，クロ
ムなどがある。これらはスマートフォンやパソ
コンに欠かせない素材であるため，世界的に需
要が高まっている。

(5)**モノカルチャー経済**において生産される農作
物や鉱産資源は，輸出品の価格が天候や世界経
済の動きに左右されやすいため，これらのみの
生産・輸出に頼っていると，その国の収入は安
定せず，経済も不安定になる。

**❶**ロッキー　　　　　　　**❷**ミシシッピ

**❸**五大　　　　　　　　　**❹**針葉樹林

**❺**乾燥帯　　　　　　　　**❻**ハリケーン

**❼**バイオテクノロジー　　**❽**アグリビジネス

**❾**適地適作　　　　　　　**❿**大量生産

**⓫**サンベルト　　　　　　**⓬**シリコンバレー

**⓭**多国籍企業　　　　　　**⓮**先住民

**⓯**フリーウェイ　　　　　**⓰**シェールガス

**⓱**ヒスパニック　　　　　**⓲**多文化主義

**1** (1)Aロッキー山脈
　　　　Bミシシッピ川

　　(2)ハリケーン

　　(3)①エ　　②イ

**2** (1)適地適作

　　(2)Aとうもろこし　　B綿花

　　(3)ウ

　　(4)バイオテクノロジー

　　(5)穀物メジャー

**3** (1)五大湖

　　(2)Aエ　　Bオ

　　(3)サンベルト

　　(4)シリコンバレー

　　(5)多国籍企業

**4** (1)Aイ　　Bア　　Cウ

　　(2)①ヒスパニック　　②ウ

　　(3)X英語　　Yフランス語

　　　Z多文化主義

◆解説◆

**1** (1)**A**ロッキー山脈は高く険しい山脈。すぐ東
側にグレートプレーンズ，さらにその東側にプ
レーリーが広がっている。

(3)**エ**のキングストンは熱帯，**イ**のデンバーは乾燥
帯に属する。**ア**のアンカレジは冷帯，**ウ**のサンフ
ランシスコは温帯に属する。

**2** (2)西経100度線の西側は降水量が少なく，西
側と東側では，行われている農業が異なる。五
大湖の南部にはとうもろこし地帯，温暖な南部
には綿花地帯が広がっている。小麦は中西部の
カンザス州からカナダにかけての地域で生産が
盛んである。

(3)**ア**はとうもろこし，**イ**は小麦である。

**3** (1)**五大湖**周辺は自動車などの製造業の中心として世界をリードしてきたが，古くからの工業地域では工場が老朽化し，現在はラストベルト（赤さび地帯）ともよばれている。

(2)**A**南西部や五大湖以北に分布しているので銅鉱石である。**B**メキシコ湾岸や西部のカリフォルニアに分布しているので石油である。

(3)**サンベルト**には豊富な労働力や安価で広大な土地があり，1970年代以降，コンピューターなどの先端技術産業やインターネットに関連した情報技術産業などが発達し，重要な工業地域となった。

(4)**シリコンバレー**は，サンフランシスコ郊外にある。電子部品であるIC（集積回路）や半導体にシリコンが欠かせない原料であることから，このようによばれるようになった。

**4** (1)アメリカ合衆国では，主にヨーロッパからの移民（白人）が多数を占める。アフリカ系の人々（黒人）は主にアフリカから奴隷として連れてこられた人々の子孫である。

(2)①**ヒスパニック**は仕事の機会と高い賃金を求めてやってくるが，実際には低賃金の仕事についている人が多く，貧困が問題となっている。

②**ウ**サッカーが生まれたのはイギリスである。

(3)カナダでは国民の多数をイギリス系住民が占めているが，**ケベック州**ではフランス系住民が多いことから，英語のほかフランス語も公用語となっている。民族や人種の多様性を尊重し，あらゆる人々が平等に社会参加できるような国づくりを目ざし，世界で初めて多文化主義政策を導入した。

**＋もひとつプラス**　センターピボット方式の農地

> アメリカでみられる円形の農地。くみ上げた地下水を，スプリンクラーが自走して回転しながら散水する。

**練習しよう**　多国籍企業の「籍」を攻略！

| 籍 | 籍 | | | | | |
|---|---|---|---|---|---|---|

**ミス注意！**「サンベルト」と「シリコンバレー」を混同しないようにしよう。

---

p.28　**ココが要点**
❶アンデス山脈　　❷熱帯雨林
❸メスチソ　　　　❹多文化社会
❺持続可能　　　　❻レアメタル
❼モノカルチャー　❽バイオエタノール
❾スラム

**p.29**　**予想問題**
**1** (1)Aコロンビア　　Bアルゼンチン
(2)Xアンデス山脈　　Yアマゾン川
(3)インカ帝国
(4)ア
(5)メスチソ
(6)スラム
**2** (1)Aウ　　Bエ　　Cア
(2)モノカルチャー経済（けいざい）
(3)バイオエタノール
(4)BRICS（ブリックス）

**解説**

**1** (2)X アンデス山脈には標高6000m級の山々が連なり，高度によって異なる自然環境がみられる。Y アマゾン川は，ブラジルをはじめペルーやコロンビアなど複数の国を流れる，流域面積が世界最大の川である。

(3)インカ帝国はペルーの南部のクスコを中心として，15世紀から16世紀にかけて栄えた。**マチュピチュ**の遺跡で有名である。

(4)ブラジルはポルトガル語，それ以外の多くの国ではスペイン語が公用語とされている。

(5)ベネズエラやボリビアでは，国民の半分以上を**メスチソ**が占める。

(6)都市の急な人口増加に対して，都市に**スラム**とよばれる生活環境が劣悪な地域が形成された。

**2** (1)チリの銅，ベネズエラの原油は世界有数の産出量を誇る。

(3)**バイオエタノール**は石油に代わるエネルギーとして注目され，近年生産量が増えている。

(4)それぞれの国の頭文字をとってBRICSとよばれる。これらの国々は，人口が多く，豊富な資源をもつという共通点がある。

**練習しよう**　奴隷の隷を「隷」を攻略！

| 隷 | 隷 | | | | | |
|---|---|---|---|---|---|---|

## ココ が 要点

❶メラネシア ❷さんご礁
❸羊毛 ❹アボリジニ
❺マオリ ❻白豪主義
❼多文化主義 ❽エアーズロック

## p.31 予想問題

① (1)Aミクロネシア

　Bポリネシア

　Cメラネシア

(2)ウ

(3)X火山　　Yさんご礁

(4)イギリス

(5)アボリジニ

② (1)Aウ　　Bイ

(2)▲イ　　◆ア

(3)X白豪主義

　Y多文化主義

### 解説

① (1)ミクロネシアは「小さい島々」，ポリネシアは「たくさんの島々」，メラネシアは「黒い島々」という意味をもつ。

(2)オーストラリア大陸の内陸部にはグレートサンディー砂漠やグレートビクトリア砂漠などが広がり，大陸の大部分が乾燥した気候である。

(3)火山によってできた島は，面積が大きく地形が複雑で，動植物や鉱産資源などが豊富である。これに対してさんご礁によってできた島は，資源や水にとぼしい。

② (1)アの小麦の栽培は南部，エの牧羊は南西部や南東部で主に行われている。

(2)西部で産出されるのは鉄鉱石，東部で産出されるのは石炭である。

(3)オーストラリアでは20世紀は**白豪主義**の政策で白人以外の移住を認めていなかったが，1970年代にこの政策は廃止され，アジアなど白人以外の移住者を受け入れるようになった。

**練習しよう** 白豪主義の「豪」を攻略！

豪　豪

**ミス注意!** オーストラリアの先住民はアボリジニ，ニュージーランドの先住民はマオリ。

---

### 第3編　日本のさまざまな地域

## 第1章　地域調査の方法を学ぼう

### p.32～p.33 ココ が 要点

❶地形図 ❷ルート
❸調査テーマ ❹仮説
❺調査計画書 ❻国土地理院
❼地図記号 ❽田
❾果樹園 ❿警察署
⓫消防署 ⓬図書館
⓭縮尺 ⓮等高線
⓯聞き取り

### p.34～p.35 予想問題

① (1)①エ　②オ　③イ
(2)文献調査

② (1)野外観察ルート

(2)どこで

(3)仮説

(4)イ・ウ

③ (1)国土地理院

(2)縮尺

(3)A畑　　B老人ホーム

　C針葉樹林　　D郵便局

　E博物館　　F病院

(4)Y

(5)500m

(6)ア・ウ

### 解説

① (1)①「商店街」とあるので，エの「産業(商業)」があてはまる。②自然・環境の「川」よりも「住宅」に着目する。川より低いところに住宅が開発されたという面からみると，オの「人口・都市」があてはまる。③「堤防と石碑」から，石碑がたてられた理由を堤防と関連付けて探るイの「歴史・文化」があてはまる。

② (2)5W1Hは，「When(いつ)」「Where(どこで)」「Who(だれが)」「What(何を)」「Why(なぜ)」「How(どのように)」という英単語の頭文字を取ったものである。

(3)仮説とは仮の説のことで，決定した調査について，「たぶんこうだろう」という答えの予想

を出すことである。仮説を検証していくことで，調査が深まっていく。

(4)数値の変化や比較を示したい場合には，棒グラフや折れ線グラフが適している。円グラフは，割合を示すときに用いられる。

**3** (1)**国土地理院**は国土交通省に属する政府機関。各種の地図を発行している。

(2)実際の距離と，地形図上に縮小して表した距離との比を**縮尺**という。縮尺の分母の数が小さいほど，実際の距離に近く，くわしく表された地図といえる。

(3)消防署の地図記号は Y，広葉樹林の地図記号は Q である。

(4)土地の高さの等しい地点を結んだ線を等高線といい，その間隔が狭いほど傾斜は急で，広いと傾斜はゆるやかになる。

(5)(実際の距離)＝(地形図上の長さ)×(縮尺の分母)で求められる。2万5千分の1地形図なので，2〔cm〕×25000＝50000〔cm〕＝500〔m〕となる。

(6)**ア**地形図は上が北になるように描かれている。**イ** a のそばに「39」，b のそばに「112」という表記があることから，標高が高いのは b である。**エ**「小幡緑地」には，針葉樹林や広葉樹林が広がっている。

### ➕もひとつプラス さまざまなグラフ

| 棒グラフ | 数量を比較するとき |
|---|---|
| 折れ線グラフ | 数量の変化をみるとき |
| 円グラフ・帯グラフ | 割合をあらわすとき |

### ➕もひとつプラス 実際の距離の求め方

(地形図上の長さ)×(縮尺の分母)
※mに直すときには100で，kmに直すときには1000で割る。

**練習しよう** 縮尺の「縮」を攻略！

縮 縮

**ミス注意！** 寺院(卍)と神社 (⛩)，工場(✿)と発電所(✿)の地図記号を混同しないようにしよう。

---

## 第2章 日本の特色と地域区分

**p.36 ～ p.37** **ココ**が**要点**

❶地域区分 ❷買い物圏
❸都市圏 ❹首都圏
❺西日本 ❻九州
❼環太平洋造山帯
❽アルプス・ヒマラヤ造山帯
❾平野 ❿日本アルプス
⓫フォッサマグナ ⓬リアス海岸
⓭瀬戸内海 ⓮大陸棚
⓯黒潮 ⓰盆地
⓱扇状地 ⓲三角州

**p.38 ～ p.39** **予想問題**

**1** (1)ウ
(2)X 角型 Y 丸型
(3)東北日本・中央日本・西南日本(順不同)
(4)首都圏

**2** (1)X 環太平洋造山帯
Y アルプス・ヒマラヤ造山帯
(2)X (3)地震
(4)A イ B エ
(5)平野

**3** (1)日本アルプス
(2)フォッサマグナ
(3)リアス海岸
(4)干潟
(5)A ア B ウ

**4** (1)A 扇状地 B 台地 C 三角州
(2)イ
(3)〈例〉長さが短く，傾斜が急である。

### 解説

**1** (2)地図を見ると，西日本のほとんどの府県では丸型であるが，高知県や，鹿児島県・和歌山県の一部では角型であることが読み取れる。
(4)山梨県は中部地方に属する。

**2** (1)X 環太平洋造山帯は，太平洋を取り巻くように連なる造山帯。南アメリカ大陸のアンデス山脈から北アメリカ大陸のロッキー山脈，千島列島，日本列島，フィリピン諸島，ニュージーランドまで続く。Y アルプス・ヒマラヤ造山帯は，ユーラシア大陸南部に東西に連なる造山帯。

(3)造山帯は，地盤が隆起して高い山脈をつくる不安定な地域が帯状に続いている。ここに位置する地域は火山活動が活発で，大きな地震がしばしば起きる。

(4)**ア**のアンデス山脈は南アメリカ州，**ウ**のアルプス山脈はヨーロッパ州にある。

**3** (1)飛騨山脈，木曽山脈，赤石山脈を合わせた**日本アルプス**には3000m級の山々が連なっている。ヨーロッパのアルプス山脈にならって，このようによばれる。

(2)**フォッサマグナ**はプレートの境界と考えられており，これを境として東北日本は南北の方向に，西南日本は東西の方向に，山脈が大きく向きを変えている。

(3)リアス海岸は三陸海岸や志摩半島のほか，若狭湾や長崎県などにみられる。

(5)黒潮は暖流，親潮は寒流である。寒流と暖流がぶつかるところは**潮目（潮境）**とよばれ，豊かな漁場となっている。

**4** (1)**扇状地**は，扇を開いたような形をしており，緩やかな傾斜地となっている。一方，**三角州**は，低く平らで三角形に似た形をしている。

(2)扇状地は水はけがよいことから，古くは桑畑に利用されていたが，近年は果樹園などに利用されている。一方，三角州は土地が肥えているため，水田などに利用される。

(3)資料2を見ると，日本の河川を表した線の傾きから，標高が高く，河口からの距離が短い点に着目する。短い距離で，傾斜が急であることが読み取れる。日本は山がちで海岸までの距離が近いため，このような特徴をもつ。

**➕もひとつプラス** 主な海岸地形がみられる場所

| 干潟 | 有明海など |
|------|-----------|
| リアス海岸 | 三陸海岸や志摩半島など |
| 岩石海岸 | 知床半島など |
| 砂浜海岸 | 千里浜など |

**練習しよう** 扇状地の「扇」を攻略！

| 扇 | 扇 | | | | | |
|----|----|----|----|----|----|----|

**ミス注意！** 「扇状地」は川が山地などから流れ出たところ，「三角州」は川が海へ流れ込むところにできる。混同しないようにしよう。

---

**p.40** ココが**要点**

❶季節風　　　　　❷太平洋側の気候
❸梅雨（つゆ）　　❹台風
❺津波（つなみ）　❻東日本大震災（ひがしにほんだいしんさい）
❼活断層（かつだんそう）　❽ハザードマップ
❾公助

**p.41** 予想問題

**1** (1)季節風〔モンスーン〕
　(2)Y
　(3)①オ　　②ウ
　　　③ア　　④イ
　(4)梅雨（つゆ）
**2** (1)津波（つなみ）
　(2)ウ
　(3)ハザードマップ
　(4)①公助　　②自助　　③共助

**解説**

**1** (2)夏は南東の太平洋側から湿った暖かい風が吹き，太平洋側に雨を降らせる。

(3)地図中の**ア**は北海道の気候，**イ**は日本海側の気候，**ウ**は太平洋側の気候，**エ**は瀬戸内の気候，**オ**は内陸の気候，**カ**は南西諸島の気候である。

(4)梅雨は，南にある暖かい小笠原高気圧と，北の冷たいオホーツク海高気圧のぶつかる境界に雨雲が生まれることによって始まる。北海道では梅雨はみられない。

**2** (1)津波は，海底での地震や海底火山の噴火などによって，海面が変動して上下する現象である。海面が上昇した場合，湾に入るとさらに海面が高まることから，リアス海岸では大きな被害を受けやすくなる。

(2)火砕流は火山から噴出した物が，高温で速いスピードで流れ下る現象をいう。1990年代に雲仙岳（平成新山）が噴火した際，これによって住宅地や農地に大きな被害が出た。**ア**の土石流や**イ**の洪水は台風などの大雨によって発生する。

**練習しよう** 地震の「震」を攻略！

| 震 | 震 | | | | | |
|----|----|----|----|----|----|----|

② (1)**A**はオーストラリアが1位で，2位がブラジルであることから鉄鉱石，**B**はサウジアラビアやアラブ首長国連邦など中東の国が上位にきていることから原油と判断できる。**イ**の石炭は，オーストラリア，インドネシアの順となる。

(2)**X**内陸部に立地していることから，水力発電所である。水力発電は大量の水を必要とするため，発電所はダムをつくりやすい河川上流の山間部に立地する。**Y**太平洋側の海沿いに多く立地していることから，火力発電所である。火力発電に必要な燃料は海外から輸送されるため，発電所は輸送に便利で，電力需要が高い大都市に近い臨海地域に立地する。**Z**北陸地方の沿岸部に多く立地していることから，原子力発電所である。原子力発電では大量の冷却水が必要となるため，発電所は水の得やすい海岸部に立地する。

(3)**再生可能エネルギー**には，費用がかかること，安定して電力を供給することに課題がある。

③ (2)出荷額は，機械工業が盛んな中京工業地帯が最も高くなっている。

(6)農林水産業が第一次産業，鉱工業や製造業が第二次産業，それ以外の産業が第三次産業。

④ (1)**ハブ空港**の「ハブ」は自転車の車輪の軸の部分のことを指す。軸を中心に放射状に車輪がつながっている様子から，拠点となる空港から航空路線網が四方八方に張りめぐらされていることにたとえている。

(2)鉄道による貨物輸送は，1960年代には15％ほどを占めていたが，現在は1％弱となっており，**トラック**による輸送にとってかわられた。最近では運転手不足や排出ガスの問題などにより，鉄道や船が輸送手段として見直されている。

---

❶人口爆発　　　　　❷老年人口

❸年少人口

❹ワーク・ライフ・バランス

❺三大都市圏　　　　❻地方中枢都市

❼過疎　　　　　　　❽過密

❾ドーナツ化現象　　❿地球温暖化

⓫持続可能な社会　　⓬火力発電

⓭再生可能エネルギー　⓮太平洋ベルト

⓯一極集中　　　　　⓰ハブ空港

⓱工業団地　　　　　⓲情報通信技術

① (1)人口爆発

(2)①人口ピラミッド

②C(→)A(→)B

(3)地方中枢都市

(4)語句　過密　　記号　イ

② (1)A エ　　　B ア

(2)X イ　　Y ア　　Z ウ

(3)再生可能エネルギー

③ (1)A 京浜工業地帯

B 中京工業地帯

C 阪神工業地帯

D 瀬戸内工業地域

(2)B

(3)太平洋ベルト

(4)〈例〉近くに港があり，原料の輸入や製品の出荷に便利なため。

(5)X 貿易摩擦　　　Y 産業の空洞化

(6)①ウ　　②ア　　③イ

④ (1)ハブ空港

(2)A イ　　B ア

(3)工業団地

**解説**

① (1)医療技術の発達や衛生環境の改善などにより，人口が急激に増加した。

(2)日本の**人口ピラミッド**は，富士山型(1930年)，つりがね型(1980年)へと変化し，つぼ型(2040年)へと移行すると予測されている。高齢者を表すピラミッドの上位部分の面積が増加し，子どもを表すピラミッドの下位部分の面積が減少していることがわかる。

+ **もひとつプラス**　過密と過疎による問題点

| 過密地域 | 交通渋滞，大気汚染，ごみ問題，住宅問題など |
|---|---|
| 過疎地域 | 病院や学校の閉鎖，鉄道やバスの廃止など |

**練習しよう** 過疎の「疎」を攻略！

疎｜疎

## 第3章　日本の諸地域

p.46　ココが**要点**

❶カルデラ　　　　❷世界遺産
❸シラス台地　　　❹施設園芸
❺畜産　　　　　　❻地域ブランド
❼エネルギー革命　❽集積回路
❾琉球王国

### p.47　予想問題

1 (1)X筑紫山地
　　Y筑後川
(2)カルデラ
(3)シラス台地
(4)屋久島
(5)①C　　②B
(6)エ

2 (1)Aエ　　Bイ　　Cア
(2)エ
(3)X重化学
　　Y石油

**解説**

1 (1)X筑紫山地はなだらかな山地で，いくつも
の小さな山地の間に盆地や谷がはさまっている。
(3)**シラス台地**は，火山灰土や軽石で厚くおおわ
れており，養分が少なく水もちが悪い。そのた
め，畑作や畜産が盛んである。
(4)**屋久島**は，樹齢7200年といわれる縄文杉をは
じめとする屋久杉で有名である。
(5)地図中の**A**は福岡県，**B**は長崎県，**C**は大分
県，**D**は熊本県，**E**は鹿児島県である。

2 (1)**A**は鹿児島県の割合が最も高いことから**エ**
の豚，**B**は宮崎県の割合が最も高いことから**イ**
の肉用若鶏，**C**は北海道，鹿児島県，宮崎県と
続いていることから**ア**の肉用牛と判断できる。
(2)宮崎平野では，ビニールハウスなどの施設を
利用し，ピーマンやきゅうり，温室マンゴーな
どを栽培する**施設園芸**が盛んである。

**練習しよう** 琉球王国の「琉」を攻略！

| 琉 | 琉 | | | | | |
|---|---|---|---|---|---|---|

**ミス注意！**「カルデラ」と「シラス」を混同しな
いようにしよう。

---

p.48　ココが**要点**

❶山陰地方　　　　❷原子爆弾
❸政令指定都市　　❹過疎化
❺大合併　　　　　❻地産地消
❼地域おこし　　　❽本州四国連絡橋
❾瀬戸大橋

### p.49　予想問題

1 (1)X山陰地方　　Y南四国地方
(2)瀬戸内海
(3)①広島市　　②原爆ドーム
(4)〈例〉一年を通して降水量が少ないため。

2 (1)①本州四国連絡橋
　　②Aイ　　Cア
　　③瀬戸大橋
(2)過疎化
(3)X地域おこし　　Yゆず
　　Zつまもの

**解説**

1 (1)中国山地より南側の中国地方は**山陽地方**と
もよばれる。
(3)①広島市は広島県の県庁所在地で，政令指定
都市でもある。
②**原爆ドーム**は，元は広島県産業奨励館という
建物で，爆心地を示す史跡として保存されてい
る。
(4)瀬戸内は，季節風が中国山地と四国山地にさ
えぎられるため，一年を通して降水量が少なく，
夏に水不足に悩まされることがある。

2 (1)**本州四国連絡橋**の三つのルートのうち，最
も早く開通したのは児島－坂出ルートである。
(2)過疎化とともに高齢化も進んでいる。
(3)徳島県上勝町は，かつては林業とみかん栽培
が産業の中心であった。

**もひとつプラス**　都市の種類

| 地方中枢都市 | 日本の各地方において，政治，経済，文化の中心となる都市 |
|---|---|
| 政令指定都市 | 政令によって指定された人口50万人以上の都市 |

**練習しよう** 耕作放棄地の「棄」を攻略！

| 棄 | 棄 | | | | | |
|---|---|---|---|---|---|---|

❶伝統　❷条坊制
❸阪神工業地帯　❹軽工業
❺中小工場　❻京阪神大都市圏
❼一極集中　❽琵琶湖
❾淀川

**1** (1)A紀伊半島　　B淀川

(2)ウ

(3)①条坊制
　　②西陣織

(4)京阪神大都市圏

(5)ア

(6)リン

**2** (1)ウ

(2)X軽工業　　Y重化学工業
　　Z中小工場

(3)天下の台所

(4)日本国際博覧会

**解説**

**1** (1)A紀伊半島は，日本有数の多雨地域であり，豊かな森林資源に恵まれている。B淀川は琵琶湖から流れ出たときには瀬田川，京都府では宇治川，と名前が変わる。
(4)京阪神大都市圏の人口の規模は，東京大都市圏に次いで全国第二位となっている。
(5)琵琶湖の水は，滋賀県をはじめ，京都府や大阪府などの近畿地方の水がめとして利用されている。

**2** (1)2016年の割合が最も高いイが中京工業地帯，最も低いエが北九州工業地帯と判断でき，残ったア，ウのうち，割合が低い方のウが阪神工業地帯である。阪神工業地帯は，自動車工業のように多くの部品を必要とする産業が少ないことなどから，全国に占める地位が低下傾向にある。
(2)X軽工業は，比較的重量の軽い製品で，主に日用品として消費される製品をつくる工業。Z中小工場の中には，独自の技術によって全国一の生産量を誇る企業もある。

**練習しよう** 琵琶湖の「琵琶」を攻略！

| 琵 | 琶 | | | | | |
|---|---|---|---|---|---|---|

❶日本アルプス　❷東海
❸黒潮〔日本海流〕　❹北陸
❺中央高地　❻信濃川
❼名古屋大都市圏　❽中京工業地帯
❾東海工業地域　❿園芸農業
⓫促成栽培　⓬遠洋漁業
⓭果樹　⓮精密機械工業
⓯地場産業　⓰城下町
⓱伝統的工芸品　⓲土地改良

**1** (1)X北陸地方　　Y東海地方
　　Z中央高地

(2)木曽山脈

(3)平野　濃尾平野　　川　ア

(4)Aウ　　Bイ　　Cア

(5)名古屋大都市圏

**2** (1)A

(2)ファインセラミックス

(3)東海工業地域

(4)イ・エ

**3** (1)B

(2)静岡県

(3)園芸農業

(4)ア

(5)イ

**4** (1)Aア　　Bイ　　Cエ

(2)イ

(3)地場産業

(4)〈例〉冬の間，積雪により農作業ができないため。

**解説**

**1** (2)日本アルプスは，飛驒山脈，木曽山脈，赤石山脈の総称。3000m級の山々が連なっている。
(3)濃尾平野には，木曽川，長良川，揖斐川の木曽三川が流れている。
(4)Aは夏の降水量が多いことから，太平洋側の気候に属するウ，Bは年間を通して降水量が少なく冬に冷え込んでいることから，内陸性の気候に属するイ，Cは冬の降水量が多いことから，日本海側の気候に属するアと判断できる。
(5)★は愛知県の県庁所在地の名古屋市である。

**②** (1)機械工業の割合がきわめて高く，工業生産額が最も多いことからＡが中京工業地帯と判断できる。中京工業地帯に次いで工業生産額が多いＢは京浜工業地帯，残ったＣが阪神工業地帯となる。

(2)**ファインセラミックス**とは，精製された天然原料や人工原料などを利用してつくられる高性能セラミックス。半導体や自動車，情報通信機器など幅広い分野で使われている。

(3)富士市では，富士山のふもとに湧き出る豊富な水を利用した製紙・パルプ工業が発達している。

(4)浜松市には，世界有数のオートバイ製造会社や大手楽器メーカーの本社がある。

**③** (1)Ａは高原地域がある長野県の割合が高いことなどからレタス，Ｂは中央高地の山梨県と長野県の割合が高いことなどからぶどうと判断できる。

(2)静岡県の牧ノ原は，国内でも有数の茶の産地となっている。

(4)**ア**愛知県の渥美半島について述べた文。**イ**は静岡県，**ウ**は長野県について述べた文である。

(5)1970年代前半をピークとして漁獲量が減少し続けている**イ**が遠洋漁業である。なお，漁獲量が最も多い**ア**は沖合漁業，漁獲量がそれほど変化していない**ウ**は沿岸漁業である。

**④** (1)Ａは新潟県，Ｂは富山県，Ｃは石川県。**ウ**の越前和紙は福井県の伝統的工芸品である。

(2)中部地方では**ア**の金物は新潟県三条市で盛んである。

(3)**地場産業**は，それぞれの土地で，地元の原料や技術と結びついて，古くから発達してきた産業をいう。

➕**もひとつプラス**　中部地方で盛んな工業製品

| 自動車 | 愛知県豊田市など |
|---|---|
| オートバイ | 静岡県浜松市 |
| 陶磁器 | 愛知県瀬戸市<br>岐阜県多治見市 |
| アルミニウム製品 | 富山県富山市 |

‖練習**しよう**‖ 飛驒山脈の「驒」を攻略！

| 驒 | 驒 | | | | | |
|---|---|---|---|---|---|---|

❶首都　　　　　　　❷関東平野
❸利根川（とねがわ）　❹関東ローム
❺都心　　　　　　　❻東京国際空港
❼副都心　　　　　　❽臨海副都心
❾再開発　　　　　　❿ニュータウン
⓫東京大都市圏（けん）　⓬政令指定都市
⓭京浜工業地帯（けいひん）　⓮京葉工業地域（けいよう）
⓯北関東工業地域　　⓰工業団地
⓱近郊農業（きんこう）　⓲成田国際空港（なりた）

**①** (1)首都
(2)イ
(3)Ａ利根川（とねがわ）　Ｂ房総半島（ぼうそう）
(4)関東（かんとう）ローム
(5)ウ
(6)成田（なりた）国際空港

**②** (1)Ａ都心　　Ｂ副都心
　　Ｃターミナル
(2)昼間人口
(3)〈例〉働く人の多くが，郊外から通勤してくるため。

**③** (1)ニュータウン
(2)政令指定都市
(3)過密（かみつ）
(4)Ａさいたま新都心
　　Ｂ横浜（よこはま）みなとみらい21
　　Ｃ幕張（まくはり）新都心

**④** (1)①Ｃ　　②Ｂ
(2)ウ
(3)工場団地
(4)Ｘア　　Ｙイ
(5)近郊農業

📝**解説**

**①** (3)Ａ利根川は流域面積が日本最大の川。
(4)Ｃの平野は関東平野。**関東ローム**が赤い色をしているのは，含まれている鉄分が長い時間をかけて酸化したためである。
(5)**ア**内陸部では，沿岸部に比べて気温が低くなる。**イ**雷雨が発生するのは夏である。
(6)**成田国際空港**は千葉県成田市にある。半導体や通信機，医薬品などが主な貿易品目。

**2** (1)A 東京駅周辺が東京の都心にあたる。C ターミナルとは，複数の路線が乗り入れ，都心と郊外や近県各地を結ぶ鉄道の起点・終点となる駅のことである。

(2)(3)都心部には通勤・通学で多くの人が来るため，昼間人口が夜間人口に比べて多くなる。

**3** (1)ニュータウンは，郊外の台地・丘陵地や臨海部の埋め立て地に多く建設された。

(2)政令指定都市は，人口50万人以上の都市で，特別に政令で指定された都市のことである。

(4)Aはさいたま市，Bは神奈川県横浜市，Cは千葉市・習志野市に開発された。

**4** (1)Aは三つのなかで全国に占める割合が最も高いので京浜工業地帯，Bは2016年には1960年よりも全国に占める割合が高まっていることから北関東工業地域，残ったCは京葉工業地域と判断できる。北関東工業地域は，関越自動車道や東北自動車道などの高速道路の整備にともない，自動車や電気機械，食品などといった工業の工場移転が進んだ。

(2)東京都区部には多くの情報が集まるため，**印刷・出版業**が発展した。

(3)自動車道のインターチェンジ付近に工業団地が立地しているのは，製品の出荷に便利なためである。

(4)茨城県のはくさいは，全国有数の生産量をほこる。

(5)関東地方では，千葉県や茨城県などで近郊農業が盛んである。

➕もひとつプラス　関東地方の工業地帯・工業地域

| 京浜工業地帯 | 東京湾沿いに，東京都から神奈川県，埼玉県にかけて広がる工業地帯 |
|---|---|
| 京葉工業地域 | 千葉県の東京湾沿いに広がる工業地域 |
| 北関東工業地域 | 関東地方の北部，茨城・栃木・群馬県にまたがる工業地域 |

ミス注意！　中央政府がおかれ，一国の政治の中心となる「首都」と大都市で政治・経済などの重要な施設が集中する「都心」を混同しないようにしよう。

p.60 ココが要点

❶冷害　　　　　　　　❷三陸
❸リアス海岸　　　　　❹津波
❺伝統的工芸品　　　　❻水田単作
❼やませ　　　　　　　❽地域ブランド
❾貿易の自由化

p.61 予想問題

**1** (1)やませ
(2)冷害
(3)X奥羽山脈　　　Y庄内平野
(4)海岸　三陸海岸
　　地形　リアス海岸
(5)①B　　②F　　③D
(6)A青森ねぶたまつり
　　C仙台七夕まつり
　　D秋田竿燈まつり

**2** (1)イ
(2)岩手県　C
　　秋田県　A
　　山形県　B
(3)りんご
(4)Xインターチェンジ
　　Y自動車

**解説**

**1** (1)(2)寒流の親潮（千島海流）の上をやませが吹くと，気温が十分に上がらず，雲が出て日照時間が少なくなる。そのため，東北地方の太平洋側に冷害を引き起こすことがある。

(3)X奥羽山脈は東北地方の背骨といわれている山脈で，東北地方を太平洋側と日本海側に二分している。Y庄内平野には最上川が流れ，古くから水田単作地帯として発展し，日本有数の穀倉地帯となっている。

(4)三陸海岸ではリアス海岸で波がおだやかなことを生かして，かきやわかめの養殖が盛ん。漁獲量の多い漁港も多い。

(5)Aは青森県，Bは岩手県，Cは宮城県，Dは秋田県，Eは山形県，Fは福島県。

**2** (2)Aは米の割合が高いので秋田県，Cは畜産の割合が高いので岩手県，残ったBが山形県。

(3)青森県の津軽平野では，りんごの栽培が明治時代から行われている。

**ココ**が**要点**

❶アイヌ民族　　　　❷開拓使
❸冷帯　　　　　　　❹流氷
❺泥炭地　　　　　　❻酪農
❼北洋漁業　　　　　❽栽培漁業
❾エコツアー

## 第4章　地域のあり方

**ココ**が**要点**

❶地域格差　　　　　❷一極集中
❸公共施設　　　　　❹過密
❺阪神・淡路大震災　❻高齢化

予想問題

1 (1)X石狩山地
　　Y日高山脈
　　Z知床半島
　(2)①記号　A　　名前　根釧台地
　　②記号　C　　名前　十勝平野
　　③記号　D　　名前　石狩平野
　(3)冷帯
　(4)オホーツク海
　(5)アイヌ民族
　(6)開拓使
2 (1)Aてんさい　　B生乳
　　Cたまねぎ　　Dあずき
　(2)北洋漁業
　(3)母川国主義
　(4)養殖

**解説**

1 (1)Z知床半島は2005年に世界遺産に登録された。
(2)①根釧台地では，1970年代から機械を使った大規模な酪農が行われるようになった。
②十勝平野では，てんさいやじゃがいも，豆類などが大規模に栽培されている。
(4)オホーツク海は，北海道や千島列島，ロシア北東岸，カムチャツカ半島，樺太に囲まれた海。冬に押し寄せる**流氷**は，海水が凍ったものである。
2 (2)国連海洋法条約の採択や**母川国主義**の主張などにより，漁場が制限されたことから，**北洋漁業**は衰退していった。
(4)**養殖**に対し，魚や貝の卵を人工的にふ化させて，稚魚を海や川に放流し，大きくなってからとる漁業を**栽培漁業**という。

**練習しよう** 札幌の「幌」を攻略！

| 幌 | 幌 | | | | | | |
|---|---|---|---|---|---|---|---|